_____ 님의 소중한 내일을 위해
이 책을 드립니다.

승자의 결단과 전략

오륜서

Winner's decision and strategy

미야모토 무사시 지음
박상범 · 김상범 편저

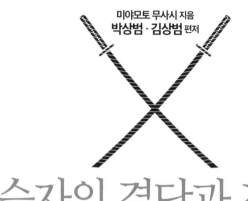

승자의 결단과 전략
오륜서

푸른영토

시대를 초월한 이기는 전략

에도시대에 미야모토 무사시宮本武蔵라는 이름의 사무라이가 있었다. 무사시는 13세에 처음 결투를 시작해서 평생 단 한 번도 진 적이 없었다. 50세에는 비로소 병법의 진수를 터득했다. 그리고 60세에 《오륜서》를 썼다.

나 역시 비슷한 나이에 검도를 시작했다. 내 나이 51세이던 2012년에는 제 2회 대한민국 검도 8단 선수권대회에서 우승을 차지했다. 그렇다고 해서 무사시처럼 검도의 진수를 터득했다는 것은 아니다. 내 45년의 검도 인생에서 미야모토 무사시는 경쟁자이자 친구로 늘 함께했다. 그의 기법과 심법을 배우고 그를 닮기 위해 평생을 노력했다.

이제는 미야모토 무사시라는 370년 전 사무라이와의 만남에 마침표를 찍어야 할 시간이 온 것 같다. 이제는 나의 칼을 쓰고 싶다.

나는 평생을 상대와 싸워 이기는 방법을 연구해왔다. 또 그 방법을 가르쳐왔다. 나는 학자도 아니요, 일본 역사학자도 아니다. 내가 《오륜서》와 같은 고전을 읽는 이유는 오륜서나 마야모토 무사시를 경외하기 때문이 아니다. 오히려 '어떻게 하면 내 눈높이까지 끌어내려서 한 번이라도 대등하게 대화해 볼 수 있을까'가 내 화두일 뿐이다.

이 책은 일본 검도인들뿐만 아니라 경영자들의 정신적 스승으로 일본이 세계시장 제패를 위해 전략적 기반으로 삼은 미야모토 무사시의 오륜서를 현대적으로 재해석한 책이다.

지금까지 《오륜서》는 많은 사람들로부터 다양한 형태로 소개되어왔다. 국내에서도 크게 다르지 않다. 특히 인간개발이나, 조직경영, 자기경영서의 형태로 많이 소개되었다. 그러나 오륜서는 그렇게 쉽게 읽히고 견강부회牽强附會할 수 있는 책이 아니다. 지금 보는 오륜서는 정말 무사시가 썼는지, 원문 속의 글자가 바뀌거나 빠지지는 않았는지 논란이 많은 책이다. 그럼에도 불구하고 전 세계의 많은 사람들이 무사시의 저술에 관해서 연구를 계속하고 있다. 어떠한 형태의 경쟁 속에서라도 그 성과를 높이는 데 있어 필요한 자료이기 때문이다.

다른 오륜서 번역서나 고전 강해講解보다 특별한 점이 있다면, 평생 무사시와 같은 길을 걸어온 검도 전문가의 시각에서 《오륜서》 본래의 맛을 살리고 경영심리학자의 시각에서 실용성을 살렸다는 점이다. 우리는 10대 청소년들도 읽을 수 있도록 평범하고 대중적인 시각으로 대화하고 정리했다. 이는 우리가 늘 현장에서 학생들과 함께 했기에 가능한 일이었다.

오륜서의 아이디어는 언제라도 경쟁에서 당신 쪽으로 승리를 돌려놓을 수 있다. 그 내용을 속속들이 꿰뚫어 보면 시대를 초월한 중요한 원칙들을 발견할 수 있다. 이 원칙들은 항상 도전받고 있는 현대인들에게 시사하는 바가 크다. 현대인들은 맡은 업무나 전문성에 관계없이 모든 사람들은 매일 어떤 형태로든 경쟁에 직면한다. 《오륜서》는 그 근본적인 대비책을 일러준다. 좀 더 깊이 파고들다 보면 무사시의 이 자그마한 책자는 경쟁에서 성공을 이끌어 내고 승리의 가능성을 높일 만한 실천적인 도구로 활용할 수 있다.

370년 전에 무사시가 쓰던 칼은 오늘날 우리가 사용하기에는 이미 무디고 진부한 것일지도 모른다. 그러나 시대를 초월한 승자의 결단과 전략은 우리에게 불가피하게 경쟁해야 하는 현대인들을 승리로 이끄는 길잡이가 될 것이다.

2018년 여름
대표 편저자 박상범

차례

제 2 장 ∣ 물水의 장 ∣ 유연한 듯 강하게

제3장 l 불火의장 l 전략과 전술

들어가기 전에 · 128

제4장 | 바風람의 장 | 검도 유파의 풍격

들어가기 전에 · 184

제 5 장 ㅣ 비어있음空의 장 ㅣ 자연의 경지

제 1 장

—

땅의 장

—

기본기

들어가기 전에

✕

내 병법의 도를 '니텐 이치류二天一流: 이천일류'라 이름 붙이고 오랜 세월을 갈고 닦아온 바를 이제야 비로소 책으로 엮는다. 1643년 10월 초순 규슈 히고肥後 지방의 이와토산岩戸山에 올라, 하늘에 절하고 관음觀音보살에 예배드리고 불단佛前 앞에 섰다.

나는 하리마播磨 지방에서 태어난 무사 신멘 무사시노카미新免武藏守 후지와라 겐신藤原玄信으로, 올해 나이 60세이다.

나는 어린 시절부터 병법의 도에 뜻을 두었다. 13세 때 처음으로 신토류新當流, 검법의 한 유파 무사 아리마 키효에라는 병법자와 실제 결투를 벌여 이겼다.

16세에는 다지마 지방의 아키야마라는 강력한 검객에게 이겼다, 21

세에는 교토에 상경하여 내로라하는 각 유파의 고수들과 실력을 겨루었고 한 차례도 패한 적이 없다.

그 뒤 방방곡곡을 돌아다니며 28, 29세까지 여러 유파의 무예자들과 60여 차례나 승부를 겨루어서 모두 이겼다.

내 나이 서른이 넘어 지난날의 전적을 되돌아보니 내가 이긴 것은 결코 병법의 이치를 깊이 터득하고 있어서가 아니라 내가 병법의 도리에 어긋나게 행동하지 않았거나 상대가 병법에 조금 미숙했기 때문이리라, 그 후 더 깊은 병법의 도리를 깨우치고자 밤낮으로 노력한 결과 50에 이르러 비로소 병법의 진수를 터득할 수 있었다.

병법의 진정한 의미를 깨닫게 되자 더 이상 속세의 일에 어떤 흥미도 느껴지지 않았다. 모든 일상사를 병법의 도에 따라 행하다 보니 나는 어떤 일이건 특별히 스승의 도움이 필요 없다는 것을 발견했다. 그 후로는 모든 일에 있어서 나를 가르친 스승 없이 스스로 깨우쳤다.

이제 이 책을 쓰면서도 불교나 유교에서 쓰는 옛말을 인용하지 않을 것이며 군서軍書나 군법의 옛 사례들을 인용하지 않을 것이다. 병법에 대한 내 견해와 진실한 마음을 밝히고자 천지자연의 도리와 관세음보살을 거울삼아 10월 10일 새벽 4시에 이 글을 쓰기 시작한다.

진정성이 담긴 의식儀式의 힘

어떤 분야에서건 자신이 목표한 큰 뜻을 이루기 위해서는 자기 성찰과 의지에서 나오는 결의가 필요하다. 이러한 진지한 자세는 사람에 따라 서로 다르게 나타날 수 있다. 예를 들면, 어떤 사람은 일을 시작하기에 앞서 한참 동안 두문불출杜門不出하든, 특별한 장소를 선택하든, 글을 쓰는 것이든, 그림을 그리는 것이든 아니면 생각의 정리가 필요하든 그 사람만의 특별한 의식儀式 이기도 하다.

이러한 개인의 의식 활동은 지금 여기에 몰입하고 잠재력을 일깨우는 활동이다. 또한 이것은 내면을 정화 시키는 수련인 동시에 자신이 추구하는 꿈을 위한 주술이다. 의식은 인간이 통제할 수 없는 것을 통제할 수 있다고 굳게 믿게 만드는 힘이 있다.

좋은 의식은 잠들어 있던 의식을 깨우고 억제되어 있던 힘을 풀어 준다. 오륜서에 대한 무사시의 진지한 의식은 스스로 강에이 20년 10월 10일 인시에 히고 지방현재 구마모토 현 자락에 위치한 이와토산의 레이겐도라는 동굴 속에서 글을 쓰기 시작한다고 밝힌 데서 잘 엿볼 수 있다. 그는 한발 더 나아가 하늘에 기도드리고 관음상 앞에 무릎을 꿇은 다음 부처님께 예를 갖추었다고 적었는데 이것은 무사시 스스로 매우 신성하고도 순수한 마음으로 오륜서를 쓰고자 했다는 점을 상징적으로 보여주고 있다. 이러한 무사시의 진정성이 오륜서를 시대를 초월한 병법서의 반열에 올려놓지 않았을까 싶다.

진정성이 담긴 의식은 불가능을 가능케 하는 힘이 있다.

첼로의 거장 파블로 카잘스는 70년 넘게 똑같은 방식으로 하루를 시작했다고 한다. 그는 아침에 일어나면 피아노 바흐의 '프렐류드와 푸가' 중 두 곡을 연주했다. 이것은 카잘스가 "다른 방식으로 하루를 시작한다는 것은 생각할 수 도 없다"고 말할 정도로 일상에서 핵심적인 것이었다.

검도장에서 매일 하는 '묵상' 또한 가장 보편적인 의식 가운데 하나다. 심리학적 관점에서 바라보면 묵상은 특정한 주제에 몰입하거나 자아를 넘어서는 존재와 나누는 대화다.

묵상을 통해 우리는 정신을 안정시키고 마음을 모을 수 있다. 온 마음을 모으고 집중하며 반복하는 묵상은 강한 힘을 발휘 한다.

매일 매일의 묵상이 삶을 에너지로 채워줄 수 있다.

검도에서 수련과정은 '묵상'으로 시작해서 '묵상'으로 끝난다.

자신만의 의식 활동을 통해 지금 여기에 집중하는 선현들의 지혜는 오늘날 바쁘게 살아가는 현대인들에게 큰 시사점을 준다.

아침에 출근 준비하느라 허둥지둥하는 것보다 잠시 눈을 감고 따듯한 물 한잔을 마시는 의식은 어떨까?

병법의 도道는 세상의 도道이다

　무릇 '병법兵法'이라 함은 무사가 익혀야 할 기술을 뜻한다. 장수는 특히 이 병법을 실행해야 한다. 병졸도 병법을 알아야 장수가 이끌고자 하는 방향을 알 수 있을 것이다. 그런데 요즘 세상에는 병법의 도를 확실하게 터득한 무사가 없다.

　도道라고 하면 갖가지 기예의 도가 있다. 사람을 구원하는 불교의 도가 있고, 글을 배우는 유교의 도가 있고, 병을 치료하는 의술의 도가 있다. 그 외에도 가무의 도, 다도茶道, 궁도弓道 등이 있다. 사람들은 각자 자신에게 맞는 도를 선택한다. 그리고 그들 나름대로 배우고 익혀서 도를 터득하기 위해 노력한다. 하지만 병법의 도를 추구하는 사람들은 그리 많지 않다.

무사武士는 문무이도文武二道라고 하여, 문과 무의 도를 겸비해야 진정한 무사라 할 수 있다. 비록 재능이 모자란다 하더라도 무사는 자신의 분수에 따라 병법의 도를 연마해야 한다.

무사의 평소 마음가짐이라고 하면 그저 '죽음을 두려워하지 않는 정신'쯤으로 생각하는 사람들이 많다. 무사만이 죽음을 각오하는 것은 아니다. 출가한 승려, 여인, 농민과 같은 보통 사람들도 의리와 염치를 알며 죽음을 각오한다.

무사가 병법의 도를 행한다 함은, 남보다 무예실력이 뛰어나서 목숨을 건 일대일 대결이나 여러 사람과 싸워서 이긴다는 말이다. 그렇게 해서 군주와 자신을 위해 입신양명立身揚名하는 것이다. 이것이 바로 병법의 덕德이다.

한편 병법을 익힌다 해도 실제 상황에서는 별 도움이 되지 않을 거라 생각하기도 한다. 그러나 어떤 때라도 도움이 될 수 있도록 수련을 거듭하고 어떤 상황에서라도 써먹을 수 있도록 가르치는 것이 바로 진정한 병법의 도다.

도道란 무엇인가?

무사시는 사람을 구원하는 불교의 도, 글을 배우는 유교의 도, 병을 치료하는 의술의 도, 노래하는 가도, 차를 마시는 다도가 모두 같은 도라고 했다. 무사시에게 도란 사람이 행하고 가질 수 있는 모든 예술적 재주와 기능에 존재하는 것이다. 이 도에는 반드시 조건이 있다. 그것은 반성과 수련을 하고, 좋아해서 행한다는 마음가짐이 있어야 한다는 점이다.

그렇다면 현대의 검도에서도 도가 존재할 수 있는가? 무사시의 개념에 따라 도의 의미를 폭넓게 해석하면 검도는 "사람마다 각자의 취미에 따라 검도를 좋아해서 행하고 수련하고, 그 과정을 반성하는 것"이니 당연히 도라 할 수 있을 것이다.

무사시는 한편 도라 하더라도 다른 도를 '쟁이'라 하고 '도'라 하지 않는다고 했다. 검을 다루는 것만이 도라는 것이다. 이러한 무사시의 주장을 이해하기 위해서는 일본의 사무라이를 이해해야 한다. 일본의 사무라이는 조선시대의 선비에 해당하는 일본의 양반 계급이다. 일본의 사무라이는 간단히 '칼 찬 선비'라고 정의할 수 있다. 사무라이는 '문무이도'를 겸비해야 하고 어떤 일이건 사람을 구하는 것을 근본으로 한다. 일대일은 물론 여러 사람과의 결투에서 싸워 이기고 주군을 위해, 자신을 위해 이름을 세우고 출세하기도 한다. 무사시는 이것을 '병법의 덕'이라고 했다. 이 덕에 '죽음의 도'와 '문무이도'가 포함되어 있다.

병법을 진정으로 이해하고 체득한다면 언제 어느 곳에서든 그 병법의 원리를 적용할 수 있을 것이다. 즉, 누구나 진정으로 자신의 분야에 깊이 몰두한다면 그곳에서 찾아낸 원리를 다른 분야에도 적용할 수 있다는 것을 강조한다.

무사시는 단순한 검법 이상의 경지에 오르기 위해 혹독한 훈련과 상상하기 힘든 자기 수양을 견뎌냈다. 그럼으로써 삶의 모든 분야에 적용될 수 있는 기본적인 세상의 원리를 이해할 수 있게 되었다. 한 발 더나아가 다른 사람들에게도 그렇게 할 수 있다는 영감을 불어넣어 주었다. 진지하게 삶을 살아가는 이들에게 그들도 위대한 존재가 될 수 있다는 용기를 주었다.

병법兵法 이란 무엇인가

중국이나 일본에서는 이 도道를 자유자재로 행하는 사람을 '병법의 달인'이라 일컬어 왔다. 무사라면 반드시 이 병법을 배워야 한다. 근래에 들어서는 유감스럽게도 스스로를 병법가라 칭하며 살아가는 사람들이 있다.

히타치常陸 지방에 있는 가시마鹿島와 가토리香取 신사神社의 신관神官들이 도장을 만들고, 신으로부터 전수받았다고 하며 검술의 여러 유파를 만들어 각지를 돌며 사람들에게 전하고 있다. 이들은 그저 검술만 익힌 자들로서 병법가라고 하기에는 무리가 있다.

예로부터 '십능칠예十能七藝 :검劍, 창槍, 궁弓, 마馬, 유柔, 포砲, 병법兵法. 유柔는 격투술, 포砲는 대포'라고 하였는데 병법도 그중 하나였다. 병법이 분명 이로운 것임에는 틀림이 없으나, 그 이로움을 제대로 얻기 위해서는 검술을 익히는 데에 국한되어서는 안 된다. 검술을 병법이라고 부르기에는 범위가 너무 좁기 때문이다.

세상에는 기예를 상품화하고 자신을 파는 물건쯤으로 생각하는가 하면, 여러 무예 도구들을 상품으로 만들어 내다파는 사람들도 있다. 도구 역시 더 많이 파는 데에만 신경을 쓰는 경향이 있다. 이는 열매보다 꽃에 치중하는 격이다. 겉모습은 좋을지 몰라도 그 내용은 빈약하다. 이들에게 현혹되어 병법의 도에서 꽃을 피우겠다고 겉모습을 화려하게 장식하거나 기술을 과시하고, 무슨무슨 도장이라고 멋대로 칭하며 그 예를 가르치고 배워서 이익을 얻고자 하다가는 크게 낭패를 볼 수 있다. "진실된 실체가 없는 병법은 오히려 그것을 실행하는 사람을 무덤으로 보내는 원인이 된다"는 것을 명심하라.

일반적으로 사람들을 농부, 상인, 그리고 무사, 기술자라는 네 가지로 분류 할 수 있다.

첫째는 '농사'의 도道다. 농민은 농기구를 두루 갖추고 계절의 변화를 세심하게 살피며 산다.

둘째로는 '상인'의 도道다. 술을 빚는 사람은 갖가지 도구를 이용해 상품의 질에 따라 이익을 취하면서 생활한다. 누구든지 자신의 노력에 합당한 이윤을 얻어서 세상을 살아가는 것이 상인의 도道이다.

셋째로는 '무사'의 도道다. 목적에 따라 여러 가지 무기를 만들고 무기의 쓰임새와 특성을 잘 파악하고 있어야 무사의 도에 이른다. 무사 중에는 여러 병기의 장점이나 사용법을 제대로 알지 못하는 자가 있다. 이는 참으로 무사로서 자질이 부족하다 할 수 있다.

병기에 대한 공부도 하지 않고 무기들 나름의 이점을 모른다면 무인으로서 소양이 부족한 것이다.

넷째로는 '공工'의 도道다. 목수는 여러 가지 연장을 잘 만들어 이를 능숙하게 다루어야 한다. 곱자를 가지고 설계도를 검토 하는 등 부지런히 일을 하며 살아간다.

이제 병법을 목수大工의 도道에 비유하여 이야기 해보자. 목수를 예로 든 이유는 목수가 집家과 관계가 있기 때문이다. 고위 관리의 가문, 무사의 가문, 후지와라 집안의 네 가문이라든지, 가문의 파멸, 또는 가문의 계승 무슨 무슨 유流니 풍風이니 가家니 하는 것들이 모두 병법에서의 개념과 비교될 수 있다. 목수를 지칭하는 대공이라는 말은 크다는 글자大와 공부工夫한다는 의미의 공工자가 합쳐진 것이다. 따라서 병법의 도는 크게 공부한다는 의미가 될 수도 있다.

병법을 배우고자 한다면 모든 주의를 기울여 이 책을 공부해야 할 것이다. 스승은 바늘이 되고 제자는 실이 되어 끊임없이 연마해야 한다.

자신을 다스리는 도道

"남은 봄바람처럼 대하고 자기 자신에게는 가을 서리처럼 엄하게 하라.(待人春風 持己秋霜)"

《채근담》의 경책이다. 다른 사람을 만날 때에는 봄바람과 같이 따뜻한 태도로 만나고 자신의 언행은 뜨거운 해와 같이 조금의 용서도 없이 엄격한 자세로 임하라고 하는 가르침이다.

인간의 마음은 자칫 다른 사람들의 행동에 대해서 쉽게 판단하고 그 단점을 비판하지만, 자신에 대해서는 후해져 작은 일에도 용서하려는 태도를 취하곤 한다. 그러한 사람의 마음을 '춘풍'과 '추상'에 비유하여 가르치고 있는 것이다.

선현들의 가르침은 오늘날 검도인들이 수련 과정에서 반드시 마음속에 새겨야 할 대목이다. 이러한 가르침을 이해하는 것은 쉬우나 항상 의식하고 행동으로 옮기기는 어렵다. 평생의 각오가 필요한 일이다.

검檢은 마음이다. 마음이 올바르지 않으면 검 또한 올바르지 않다. 배우려고 원한다면 마음부터 배워야 한다. 추상과 같은 마음으로 자신에게 엄격하며 스승은 바늘이 되고 제자는 실이 되어 끊임없이 연마해야만 병법의 도道에 이를 수 있다.

"진실된 실체가 없는 병법은 오히려 그것을 실행하는 사람을 무덤으로 보내는 원인이 된다."

무사시의 일침은 간디의 7가지 악덕惡德, 철학 없는 정치, 도덕 없는 경제, 노동 없는 부富, 인격 없는 교육, 인간성 없는 과학, 윤리 없는 쾌락, 헌신 없는 종교과 더불어 우리에게 진정 중요한 것이 무엇인지 생각해 보게 한다.

병법兵法의 도道와 목수의 길

    목수의 우두머리인 도편수가 건물을 지을 때처럼 장수는 한 나라의 전반적인 상황을 언제나 숙지하고 이를 제대로 평가해야 한다. 도편수는 궁궐을 지을 때 전체적인 설계뿐만 아니라 탑과 사당을 무엇으로 꾸밀 것인지도 알고 있어야 한다. 또한 집과 건물을 지으면서 다른 사람을 지휘할 수 있어야 한다. 장수 역시 마찬가지이다.

    집을 짓기 위해서는 먼저 목재를 적절히 분류해서 배치해야 한다. 곧고 옹이도 없어 보기에 좋은 목재는 집 정면 기둥으로 쓰고, 약간 옹이가 있더라도 곧고 튼튼한 나무는 사람들의 눈에 띄지 않는 집 안쪽 기둥으로 쓴다. 비록 좀 약하더라도 옹이가 없고 보기 좋은 목재는 문지방, 문틀 미닫이 등으로 쓴다. 옹이가 있거나 약간 휘었더라도 튼튼한 재목은 집 구석구석을 잘 살펴 적절히 사용한다면 집의 수명은 늘어나기 마련이다. 목재 중에서도 옹이가 많고 휘었으며 약한 것은 발 디딤판으로 사용하거나 나중에 장작으로 쓰면 된다. 이처럼 목재를 유심히 살펴보면 저마다 그 적합한 쓰임새를 찾을 수 있다.

도편수는 목수를 부릴 때에도 그들의 솜씨와 특성을 정확하게 파악하고 적재적소에 활용해야 한다. 어떤 목수에게는 바닥을 깔게 하고 어떤 목수에게는 문을 만들도록 지시해야 한다. 힘은 좋은데 기술이 없는 목수라면 높은 곳에 올라가 들보를 맞추게 하면 되고, 이제 막 일을 시작한 초보 목수라면 쐐기를 깎는 것과 같은 주변 일들을 맡기면 된다. 모든 구성을 알맞은 자리에 배치한다면 능률도 오르고 더욱 훌륭한 집을 지을 수 있다.

신속하게 일을 잘 진척시키려면 매사에 방심하지 않고 도구와 그 용도를 제대로 알아야 한다. 사람의 능력을 제대로 보고, 그들에게 일할 마음을 불어넣을 줄 알고 한계를 알아야 한다. 도편수는 항상 이 점을 유념해야 한다. 병법의 도 또한 이와 마찬가지이다.

장수가 도편수라면 병졸은 목수다. 목수는 직접 연장을 만들고 다듬어서 연장통에 넣어 가지고 다닌다. 도편수의 명령에 따라 기둥과 대들보를 깎거나 대패로 마루와 선반을 깎는다. 목재를 조작하면서 아주 사소한 부분까지 제 치수에 맞게 솜씨 좋게 만들어 낸다. 이것이 목수가 갈고 닦아야 할 도다. 스스로 기술을 열심히 익히고 각 부분의 치수를 배우면 언젠가는 도편수가 될 것이다.

목수가 갖춰야 할 소양으로 중요한 두 가지는 잘 드는 연장을 지니는 것과 시간이 날 때마다 이를 손질하는 것이다. 연장을 사용해서 문갑, 책장, 책상, 의자, 사방등, 널빤지 솥의 뚜껑까지도 잘 만드는 것이 목수가 전념해야 할 부분이다.

나아가 목수는 모양이 비뚤어지지 않게 하고 이음새를 잘 맞춰야 하며, 대패질을 모자라지도 넘치지도 않게 하며 나중에 뒤틀리지도 않도록 신경 써야 한다. 병졸도 마찬가지이다. 이 도리를 배우고자 한다면 이 책에 기록한 하나하나를 신중하게 배워야 한다.

핵심역량을 적재적소에 활용하라

사람은 누구에게나 강점과 약점이 있다. 중요한 것은 각자 자신의 능력을 정확히 파악하고 그 능력을 최대화하는 것이다.

훌륭한 장수는 병사들의 강점과 약점을 파악하고 이들에게 적절한 임무를 부여한다. 이는 오늘날 기업 경영에서도 다르지 않다.

이순신은 1592년 7월 8일 견내량이 폭이 좁고 물살이 급해 싸우기 적합하지 않다는 것을 알고 넓은 한산도 앞바다로 왜군을 유인했다. 도망가는 척하며 왜선을 유인해 오던 전선 대여섯 척이 이순신 함대에

합류한다. 일제히 첨자 진尖字陣 : 빠른 진군을 하기 위한 진법을 형성하며 나아간다.

한산도 앞바다에 이르자 갑자기 뒤쪽에 있던 거북선 두 척이 방향을 180도 바꾸어 적진을 향해 들어간다. 돌격선이었던 거북선의 공격이 마침내 시작된 것이다. 거북선에서 큰 용머리가 출현해 사정없이 적진 속을 헤집고 다니면서 포를 쏘아댄다. 왜장선 가까이 무섭게 돌격, 도깨비 머리로 충돌한다. 전후좌우 모든 방향에서 포를 쏘아댄다. 결국 거북선의 조이기식 공격으로 왜장이 탄 배는 물론 돌격부대인 선두함대를 산산조각 냈다. 매복해 있던 원균과 이억기의 함대도 학익진을 형성하며 돌진하니, 임진왜란 최대의 하이라이트 '쌍학진'이 펼쳐진 것이다. '학익진', 이것은 바로 우리 전통배의 특성인 방향 선회 능력을 이용한 전략이었다. 순식간에 앞뒤로 포위된 왜선들은 도망치려 했지만 이순신 함대에 전멸되고 만다.

이러한 전술을 펴는 데는 전투뿐만 아니라 경영에서든 삶 속에서든 같다. 도편수가 목수의 특성을 정확하게 파악하고 적재적소에 활용하는 것처럼 리더는 조직 구성원들의 역량을 정확하게 파악하고 그것을 적재적소에 활용할 줄 알아야 한다. 이것이 이기는 원칙이다.

다섯 개의 장으로 구성된 병법서

이 책에서는 병법을 다섯 개의 도道로 나누었다. 각 장마다 그 도리를 설명하기 위해 땅地·물水·불火·바람風·하늘空이라고 칭했다.

먼저 "땅地의 장"이다. 이 장은 병법의 도에 관한 개요와 병법에 관한 간략한 견해를 밝혔다. 검술만 익혀서는 진정한 병법을 이해하기 어려울 것이다. 큰 부분을 파악하고 작은 부분을 알아가며 낮은 단계에서 시작하여 높은 단계로 나아가는 법이다. 병법의 기초를 다진다는 의미에서 "땅의 장"이라고 하였다.

두 번째는 "물水의 장"이다. 물을 거울삼아 마음가짐을 물과 같이 하는 것이다. 물은 그릇에 따라 네모난 형태를 띠기도 하고 원형을 띠기도 한다. 물방울이 되다가도 넓은 바다가 되기도 한다.

셋째 장인 "불火의 장"은 전투에 대해 말하고자 한다. 불은 커지기도 하고 작아지기도 하며 그 기세의 변화가 심하다. 따라서 "불의 장"에서는 맞붙어 싸우는 법에 관해 적어 보았다.

검술의 이치를 분명하게 터득해 한 명의 적을 마음먹은 대로 제압할 수 있다면 그 어떤 사람도 이길 수 있다. 한 사람과 싸워서 이기는 일과 수많은 사람을 대적하는 일은 일맥상통한다. 장수는 사소한 일에서 대국을 볼 줄 알아야 한다. 이는 마치 목수가 곱자와 나무만 있으면 큰 불상 하나를 거든히 조각할 수 있는 것과 같다. 이러한 것은 일일이 다 설명하기가 어렵지만 하나로 만 가지를 헤아리는 것, 이것이 병법의 오묘함이다.

일대일의 싸움이건 만대만의 싸움이건 모두 똑같다. 전체적인 상황을 파악하는 동시에 세부적인 문제들까지도 함께 챙길 수 있도록 정신적인 훈련을 쌓아야 한다.

넓은 장소는 쉽게 살펴볼 수 있지만 좁은 장소는 살펴보려면 꽤 힘이 든다. 대규모 집단의 움직임은 천천히 이루어지고 변하지 않기도 하지만 한 사람의 마음은 언제든 쉽게 충동적으로 바뀔 수 있다. 그 마음을 따라잡기란 무척 어렵다. 이 점을 주의 깊게 음미하기 바란다.

불의 장에서 설명한 내용은 모두 순식간에 결정되는 것이다. 날마다 연마해서 유사시에 평상심을 잃어 당황하는 일이 없도록 해야 한다. 이것이 병법兵法의 최고의 경지다. 또한 이런 까닭에 싸움과 승부에 대한 내용을 불의 장에서 설명하였다.

네 번째 장을 "바람風의 장"이라고 한 까닭은 이 장에서는 내 병법을 다루지 않고 세상 각 유파의 병법에 대해 논했기 때문이다. 흔히 바람風이라는 말은 예전의 기풍이라든지 새로운 기풍, 혹은 집안의 가풍과 같이 흘러 내려오는 기운을 일컫는다. 요즘 사회 전반에 흘러들고 있는 다양한 병법들의 흐름과 각각의 유파들이 갖고 있는 기술을 논하고자 이름을 붙였다.

다른 유파의 병법을 알지 못하고서는 자신의 병법도 제대로 알 수가 없다. 많은 분야와 여러 가지 상황에서 자신의 병법이 진정한 도의 관점에서 볼 때 옳지 않다는 사실을 인지하지 못하고 넘어가는 경우가 있다. 바르지 못한 도는 집중력의 부족에서 비롯되며 이는 진정한 도의 길로부터 벗어나게 만든다. 진정한 도의 원칙에서 벗어났다면 처음에는 그것이 아무리 작은 어긋남이었다고 할지라도 결국에는 심각한 오류로 빠져들게 된다. 이것은 깊이 명심해야 할 사항이다.

다른 유파에서는 병법을 순전히 검술로 국한하고 있는데, 이들의 병법은 특별한 의미에 기반하고 있다. 이 책으로 병법을 배우려는 사람들을 위해 나는 "바람의 장"에서는 다른 유파들의 병법에 관한 문제들을 논할 것이다.

마지막 장은 "하늘空의 장"이다. "하늘空의 장"이라고 이름 붙인 것처럼 이 장은 병법에 있어서 심오하다고 할 만한 것은 없다. 내가 창시한 병법의 궁극적인 경지에 이르게 되면 오히려 스스로 병법의 원칙에 구애받지 않게 될 것이다. 더 나아가 자신과 병법의 조화를 통해 자유자재로 구사할 수 있을 것이다. 즉, 의식적인 노력 없이도 각각의 전투 상황에 임하면 스스로 그 흐름을 터득해 언제든 상대를 쓰러뜨릴 수 있게 될 것이다. 이것이 바로 "공空의 도道"이다.

이 다섯 번째 장에서는 진정한 병법의 도에 어떻게 이를 것인가를 다룰 것이다.

《오륜서》의 구조

《오륜서》는 땅, 물, 바람, 불, 하늘의 다섯 장으로 구성되어 있다. 각 분량은 많지 않지만 장마다 단계가 분명하게 나누어져 있다.

- 땅의 장 : 주로 도에 관한 핵심이론을 설명한다. 마치 땅을 다지듯 병법의 기초를 다진다는 의미에서 땅의 장이라 하였다.
- 물의 장 : 무사시는 병법이 물과 같은 성격을 지녀, 때로는 크게 혹은 둥글게 혹은 사각으로 변할 수 있는 변화무쌍함을 지녀야 한다고 설명한다. 물과 같은 유연성을 설명하고자 한다.
- 불의 장 : 전장의 전략에 대해 설명하였다. 맹렬한 기세로 타오르는 불은 마치 치열하고 잔혹한 전쟁을 연상시키기 때문에 불의 장이라고 명

명하였다.

- 바람의 장 : 무사들이 살았던 유파들에 대해 설명한다. 고대의 풍(風)은 풍격
  또는 전통의 의미를 가지고 있다. 따라서 각 유파의 서로 다른 풍
  격을 설명한다.
- 하늘의 장 : '공空'의 개념을 통해 최고의 경지에 대해 설명한다. 시작과 끝이
  없고 안과 밖의 구분도 없는 하늘은 병법을 충분히 활용하면서
  도 그에 속박당하지 않고 상대를 제압할 수 있는 무사에 비유할
  수 있다.

니텐 이치류二刀一流에 대하여

　무사라고 한다면 장수는 물론 병졸이라도 반드시 두 개의 검을 허리에 차고 다녀야 한다. 이 두 개의 검을 옛날에는 장검장검:太刀, 1m이상의 검과 검가타나:刀, 66cm의 검'이라고 하였고, 지금은 검刀:가타나'과 단검脇差:와키자시, 54cm이내의 검'이라고 부른다. 이처럼 무사가 두 개의 검을 차고 다니는 것은 전통에 따른 것이다. 두 개의 검을 차는 것은 무사의 도이기도 하다. 따라서 나를 중심으로 한 유파의 이름을 두 자루의 검의 이치를 깨닫는다는 의미로 '이도일류二刀一流'라 하였다.

　나의 병법에서는 초심자일 때부터 한 손에는 검을, 다른 한 손에는 단검을 동시에 잡고 연습하도록 하고 있다. 양손에 무기를 들게 되면

40

좌우 모두 자유로이 다루기가 어렵다. 장검과 검을 양손에 쥐고 수련하는 까닭은 장검을 한손으로도 충분히 사용할 수 있게 하기 위해서이다. 생사를 건 결투의 순간에는 당연히 사용할 수 있는 무기를 써야만 한다. 사용할 수 있는 무기를 모두 써보지도 못하고 그냥 허리에 찬 채 죽는다면 그것은 무사로서의 본분이 아니다.

창이나 창검나기나타:긴 검자루가 달린 검은 무사가 지닐 수 있는 무기의 종류이기는 하지만 기본적인 도구라 할 수는 없다. 창이나 검과 같은 무기는 어쩔 수 없지만 검이나 단검은 모두 한 손으로 쓸 수 있는 무기이다. 장검을 양손으로 잡으면 말에서 휘두르기가 어렵고 늪, 수렁, 논, 돌밭, 험한 길, 북적거리는 곳 등에서 자유자재로 움직이기가 어렵다. 왼손에 활이나 창 또는 그 밖의 무기를 들었을 때에도 모두 한 손으로 장검을 휘둘러야 하므로 두 손으로 칼자루를 쥐는 것은 바른 이치라 할 수 없다. 만약 한 손으로 상대를 베기 어렵다면 그때 두 손으로 잡아도 늦지 않다.

한 손으로 장검을 휘두르는 데 익숙하려면 양손에 장검을 쥐고 한 손으로 휘두르는 연습을 하면 된다. 처음에는 장검이 무거워서 제대로 휘두르지 못한다. 그러나 활이든 창검이든 처음 손에 쥐었을 때는 어설프기 짝이 없으나 익숙해지면 활을 당기는 힘도 강해지고 휘두르는 데에도 익숙해져서 쉽게 쓰는 방법을 터득하게 된다. 장검을 사용하는 이치를 속도에서 찾으면 안 된다. 이에 대해서는 제 2장인 "물의 장"에서 자세히 익히도록 한다.

장검은 넓은 곳에서 휘두르며 단검은 좁은 장소에서 휘두르는 것이 기본이다. 그러므로 딱히 장검의 길이도 정해놓지 않았고, 누구든 그 길이에 상관없이 이길 수 있다는 것이 니텐 이치류의 이치다. 많은 사람을 상대로 혼자서 싸울 때나 저택 안과 같은 좁은 장소에 숨어 있는 자를 덮칠 때는 장검보다 단검을 양손에 하나씩 쥐는 것이 유리하다. 이러한 사항은 여기에서 상세하게 소개하지는 않겠다. 모름지기 무사는 한 가지를 보고 만 가지를 헤아려야 한다. 누구든 니텐 이치류를 공부하고 수련하면 만 가지 일을 다 이해할 수 있다.

니텐 이치류 二刀一流

무사시는 자신이 창시한 병법의 유파를 "니텐 이치류"라고 이름 붙였다. 이는 실제 전장에서 두 개의 검을 사용하는 검법일 뿐 만 아니라 철학적 의미와 정신적인 교훈을 담고 있다. '니텐'이라는 말은 두 개의 하늘을 뜻한다. 이 말은 '누구에게나 하늘 이외에도 기억하고 감사해야 할 은인이 반드시 한 사람은 있다'는 믿음에서 나왔다. 그러나 무사시가 사용한 '니텐'이라는 말은 두 가지가 대칭되는 의미를 담고 있다고 보는 게 더 이해하기 쉽다. 생과 사, 정신과 육체, 강자와 약자, 장수와 병사, 속세와 깨달음의 세계, 승리와 패배와 같이 완전히 반대되면서도 균형을 이루는 개념들이 그것이다.

깨달음의 세계에서는 서로 상반되는 것들 간에 아무런 갈등이 존재하지 않는다. 모든 것이 완벽한 조화와 균형을 이루며, 전체가 하나가 된다. 스스로 이같은 깨달음의 경지에 이르렀을 때 무사시는 세속적인 대결의 범주를 초월할 수 있었다. 마침내 병법의 도를 터득한 것이다.

검법은 병법의 기초다

병법의 세계에서는 일반적으로 검을 잘 다루는 사람을 가리켜 병법자라 한다. 무예의 세계에서는 활을 잘 쏘는 사람을 사수射手라 하고, 총을 잘 쏘는 사람을 포수라 하며, 창을 잘 쓰는 자를 창잡이, 장도長刀: 나기나다를 잘 쓰는 사람을 '장도잡이'라고 한다. 같은 원리라면 검술에 능한 사람도 '검칼잡이' 정도로 불러야 할 것이다. 그런데 유독 검술에 능한 사람은 '병법가'라고 부른다. 왜 그럴까?

병법의 기초는 검의 도에서 나온다. 백성을 어떻게 다스릴 것인지, 또 스스로를 어떻게 단련할 것인지 모두 검의 도에서 배우게 된다. 병법을 완전히 익히게 되면 열 명의 적에게도 이길 수 있다. 똑같은 방식으로 백 명이 병법을 익히면 천 명의 적을 상대로 승리할 수 있다. 그러므로 병법에서는 결투하는 상대가 얼마나 되는가는 기본적으로 중요하지 않다. 무사가 갖추어야 할 모든 원리와 기법이 병법에 포함되는 것이다.

물론 무사의 도는 유교나 불교, 다도, 예도, 무도 등에서 말하는 도와는 관계가 없다. 그러나 어느 분야의 도이건 높은 경지에 오른다면 서로 다른 분야라 할지라도 그 진정한 이치를 공유하게 될 것이다. 중요한 것은 각자 자신이 선택한 분야에서 스스로를 부지런히 단련하는 일이다.

세상을 지배하는 자연의 법칙

무사시는 어떤 분야든 최고의 경지에 오를 수 있는 이치는 오직 부지런히 스스로를 단련하는 길이며, 경지에 오르면 어떤 이치든 하나로 통한다고 설명하고 있다.

모든 생명체는 성장과 발달 과정에서 반드시 순서에 입각한 몇 가지 단계를 거친다. 예를 들어 어린 아이는 뒤집고, 앉고, 기어다니는 것을 배운 다음에야 비로서 걷고 달리는 것을 배운다. 이 단계들은 모두 중요할 뿐만 아니라 각 단계마다 시간이 걸린다. 어느 한 단계도 건너뛸 수 없다.

이러한 사실은 인생의 모든 국면, 즉 발달 과정에 적용된다. 이것이

자연의 법칙이다. 우리가 성장하고 발전하는 데 있어서 자연의 법칙을 따르지 않고 지름길을 찾으려고 하면 어떤 일이 발생할까? 답은 분명하다. 과정을 무시하거나 생략하면서 지름길을 찾는 것은 한마디로 불가능하다. 자연의 법칙에 반하는 것으로 실망과 좌절만 낳을 뿐이다. 결국, 무사시가 말하는 검법의 이치와 병법의 이치는 곧 자연의 이치이다.

무기의 특성을 파악하라

병법에서 무기의 사용은 시간과 장소에 따라 달라진다. 장검은 일반적으로 모든 상황에서 두루 사용할 수 있다. 협소한 곳, 혹은 상대와의 거리가 매우 짧은 싸움에서는 단검을 사용하는 것이 유리하다. 실제 전쟁터에 나가서는 창검보다는 창을 사용하길 권장한다. 그래야만 먼저 제압할 수 있다.

창과 창검의 사용은 각각의 환경에 따라 달라진다. 매우 혼잡한 지형에서는 창이나 창검의 차이가 그리 크게 나타나지 않는다. 두 가지 모두 포로를 사로잡는 데는 별로 적합하지 않고 야전처럼 현장에서 큰 움직임 없이 적을 제압할 때 유용하다. 만약 실내에서 사용하는 사람이 있다면 그는 이 두 무기의 기본적인 성질조차 제대로 파악하지 못하고 있는 것이다.

광활한 대지에서의 전투가 막 시작되어 아직 적군까지의 거리가 여유가 있을 때 효과적인 무기는 화승총이다. 하지만 거리가 좁혀진다면 장검이 화승총보다 훨씬 유용하게 쓰일 수 있다. 한편, 탄두의 궤도를 예상할 수 없는 화승총의 단점과 비교한다면 활은 화살의 궤적을 예측할 수 있다는 큰 장점이 있다. 활은 매우 빠른 속도로 먼 거리의 적까지 도달할 수 있기 때문에 대규모 철수 시 혹은 달아나는 적군을 쫓을 때에 매우 효과적이다. 하지만 적과의 거리가 20간약 36m을 넘어가면 활도 별다른 위력을 발휘하지 못한다. 실전에서 무기의 특정 형식에 너무 구애받을 필요는 없다. 무기 자체가 가진 위력이 상황에 따라 잘 발휘될 수 있도록 배치하는 것이 중요하다.

말은 힘이 세고 지구력이 좋아야 좋은 말로 인정받는다. 무기도 이와 마찬가지이다. 무조건 튼튼해야 한다. 말이 힘차게 달리는 것이 중요하듯 장검과 단검, 창검과 창 역시 견고하여 쉽게 부서지지 않는 것이 좋다. 활과 총은 목표물에 적중하는 정확성을 지녀야 한다.

한 가지 덧붙이자면, 자신이 잘 다루는 무기에 집착할 필요는 없다. 한 가지 무기에만 집착하는 것은 활용법을 모르는 채로 무기를 사용하는 일처럼 어리석은 약점이 될 수 있다. 다른 사람을 모방하지 말고 본인이 정확하게 다룰 수 있는 무기를 찾아야 한다. 장수이건 병졸이건 특정 무기에 대해 호불호를 따지는 일은 좋지 않다. 각각의 무기의 실용적인 면을 따져가며 충분히 사용할 수 있어야 할 것이다.

자신에게 가장 잘 맞는 무기를 지녀라

전투에서 사용되는 무기에 대해 무사시는 무엇보다 질質이 중요하다는 점을 강조한다. 예를 들면 검은 무사가 지녀야 할 무기로 그 질은 무사의 생사를 결정지을 수 있다. 무사시는 목수의 비유를 통해 훌륭한 목수가 되려면 좋은 연장을 갖추는 게 필수적이라고 비유하고 있다.

좋은 연장은 일을 훌륭하게 수행할 수 있게 해준다. 과거 일본에서는 목수를 고용할 때 그 목수의 연장을 살펴보고 그가 일을 제대로 할 수 있을 것인지를 판단해 고용여부를 결정했다고 한다. 그러나 무사시는 결코 가장 비싼 무기를 추천하지 않는다. 그가 강조하는 것은 자신에게 가장 잘 맞는 무기다. 무기를 고르는데 남을 흉내 내지 말라는 조언도 잊지 않는다.

아무리 도구가 좋아도 쓰는 사람이 뛰어나지 않으면 소용없다는 뜻의 사자성어 중에 '능서불택필能書不擇筆'이 있다. 즉, "글씨를 잘 쓰는 사람은 붓을 가리지 않는다"는 말이다. 하지만 이 속설은 구양순까지이다. 그 이후의 사람들은 붓이나 종이를 글씨를 잘 쓰는데 중요한 요소로 인식하고 있었다. 대가들이 붓을 가리지 않는다는 것은 어느 붓으로

든 따지지 않고 글씨를 썼다는 말이 아니다. 그들도 역시 행서行書를 쓸 때에는 그 글씨에 맞는 붓을 선택하였고, 초서草書를 쓸 때에는 초서에 알맞은 붓을 선택하였다. 단지 조잡한 붓으로 글씨를 쓰더라도 그의 대가大家다운 경지에는 변함이 없었음을 말하는 것이다.

 장수이건 병졸이건 특정 무기에 대해 호불호를 따지는 것보다는 각각의 쓰임새를 따져가며 충분히 사용할 수 있어야 한다는 무사시의 생각 또한 이와 다르지 않다.

병법의 박자에 대하여

　모든 일에는 박자가 있기 마련이다. 특히 병법의 박자는 연마하지 않으면 체득하기 어렵다. 춤이나 음악을 연주하는 사람의 박자는 쉽게 드러난다. 이것들은 모두 조화를 이루는 박자이다. 무예武藝의 도道에서도 활을 쏘거나, 총을 쏘거나, 말을 타는 것에 이르기까지 모두 박자와 가락이 있다. 여러 가지 예능에서도 박자를 무시해서는 안 된다. 눈에 보이지 않는 것에도 박자가 있다.

　무사의 일생만 보더라도 군주를 섬기는 일에서 일신의 영달을 꾀하는 박자, 반대로 몰락하는 박자, 자신의 생각대로 되는 박자, 뜻대로 되지 않는 박자가 있다. 장사에서도 부자가 되는 박자, 재산을 날리는 박자가 있다. 물론 모든 도의 박자가 다 똑같지는 않다. 이렇듯 어떠한 일에도 흥하는 박자, 쇠하는 박자가 있다. 이것을 잘 분별해야 한다.

병법에도 다양한 박자가 있다. 먼저 상대와 호흡을 맞추는 박자를 알아야 하고 이어 상대의 호흡을 무너뜨리는 박자를 익혀야 한다. 크고 작고, 느리고 빠른 박자 중에서도 상황에 맞는 박자와 때에 맞는 박자를 알아야 하고 상대의 박자에 끌려가지 않는 박자를 아는 것이 병법의 이치다. 특히 상대방의 박자를 속이는 박자를 알아야 병법을 완전히 터득할 수 있다. 병법을 활용해 싸움을 벌일 때는 적들의 각각의 박자를 알아내어 적들이 생각하지 못하는 박자를 활용해야 한다.

즉, 형태를 갖추지 않은 빈空 박자처럼 시혜로운 박사를 이용해서 이겨야 한다. 박자에 관한 내용을 설명했으니 그 내용을 잘 헤아려서 충분히 단련해야 한다.

병법에도 흐름이 있다

의식하건 의식하지 못하건 삶의 과정에는 흐름이 있다. 분명히 존재하지만 말로는 표현할 수 없는 어떤 기운 같은 것이다. 이것이 무사시가 말하는 박자다.

어떤 때는 내 마음대로 할 수 있다가도 어떤 때는 그렇게 하지 못하는 식으로 흘러가는 힘이다. 삶 속에는 사람이 아는 것 이상의 미묘하면서도 특별한 흐름이 있다. 무사시는 좋은 흐름과 나쁜 흐름을 구별하기는 어렵지 않다고 한다. 그는 한 걸음 더 나아가 자신에게 유리한 흐름을 만들어 낼 수도 있다고 강조한다. 부단히 수련해야만 마침내 흐름이 무엇인지를 깨달을 수 있다.

병법의 흐름도 매우 다양하다. 우선 적과 나 사이의 흐름을 반드시 알아야 한다. 불균형적인 흐름도 판단해 낼 줄 알아야 한다. 병법을 수련하는 무사는 큰 것과 작은 것의 흐름, 빠른 것과 느린 것의 흐름, 뚜렷하게 겨루는 흐름, 짜임새의 흐름 등을 구별하는 능력을 키워야 한다고 가르치고 있다. 그래야만 복잡한 사물 중에서 가장 적절한 흐름을 찾아 낼 수 있다.

무사가 흐름을 안다는 것은 대단히 중요한 일이다. 만약 상대방의 흐름을 제압할 수 있는 흐름을 이해하지 못하는 무사라면 그의 병법은 문제가 있다. 병법을 사용해서 전투에서 승리를 할 때, 승리를 거두는 관건은 자신과 같지 않은 적의 엇박자를 꿰뚫어 보는 것이다. 그래야 적이 예상하지 못하는 방향으로 적의 자신의 흐름을 이용해 제압할 수 있다.

무사시는 삼라만상 그 어떤 것도 자신만의 고유한 흐름이 있다고 생각했다. 그 흐름을 장악하는 것이 시대를 초월한 승부사의 이기는 전략이다.

신카케류 출신의 검도 고수이자 에도 막부의 정보기관 수장이었던 야규 무네노리역시 자신의 병서《병법가전서兵法家傳書》를 통해 박자의 흐름에 대해 "노래를 부를 때나 춤을 출 때도 음악의 리듬을 제대로 타지 못하면 더 이상 진행할 수가 없듯이 병법에서도 리듬을 탈 줄 아는 감각이 필요하다"라고 강조하고 있다. 승리와 패배의 비밀이 박자리듬에 있다고 해도 과언이 아니다.

그렇다면 박자를 터득할 수 있는 길은 무엇인가? 《오륜서》를 통해 무사시는 수련에 전념할 것을 요구한다. "스스로를 단련하라", "많이 공부하라", "연마하라", "연구하라", "음미하라" 등의 문구들은 매 항목마다 관용어처럼 등장한다. 術술과 道도의 접점, 형태를 알 수 없는 빈空박자를 터득하는 길의 비밀코드는 바로 여기에 있는 것 같다.

땅의 장을 마치며

니텐 이치류의 핵심적인 부분들을 꾸준히 공부하고 연마하면 저절로 넓고 청명한 마음의 경지에 오르게 됨은 물론 병법과 자연의 박자에 더욱 가까워진다. 땅, 물, 불, 바람, 하늘로 구성된 다섯 개의 장을 통해 나는 개인이 활용할 수 있는 검법뿐만 아니라 교전에서 사용할 수 있는 전술 또한 전수하고자 한다. 나의 병법을 배우고자 하는 사람은 도를 행함에 있어서 다음과 같은 규칙을 지켜야 한다.

첫째, 實直하며 바른 길을 생각하라

둘째, 도(道)를 단련하라

셋째, 다양한 무예를 배우고 경험하라

넷째, 여러 분야의 도에 관심을 가지고 공부하라

다섯째, 매사 득실을 합리적으로 분별하라

여섯째, 사물의 진실을 식별하는 안목을 길러라

일곱째, 눈에 보이지 않는 현상에 대해 이해하라

여덟째, 사소한 것에도 마음을 쓰라

아홉째, 도움이 되지 않는 일은 하지마라

이 도에 있어서는, 넓은 시야로 진실을 꿰뚫어 볼 수 있어야 병법의 달인이 된다. 이 원칙을 익히면 혼자서 스무 명, 서른 명의 적과 싸워도 지지 않는다.

늘 병법을 생각하고 진정한 도를 갈고 닦으면 실력으로 남을 이길 수 있고 사물을 바라보는 관점 역시 남들보다 탁월해 질 수 있다. 단련에 의해 온몸을 자유자재로 통제할 수 있게 되면 남보다 뛰어난 육체를 얻을 수 있다. 도를 연마하고 마음을 단련하면 남들보다 굳은 마음을 지닐 수 있다. 이러한 경지에 이르렀다면 훌륭한 인물들을 부하로 둘 수 있으며, 수많은 부대를 자유자재로 지휘할 수 있다. 자신의 몸을 올바로 다스릴 수 있고, 나라를 잘 다스리고 백성을 잘 보살피며 천하의 질서를 훌륭하게 유지할 수 있다.

어느 도에 있어서나 남에게 지지 않는 방법을 알아내어 자신의 몸을 돌보고 자신의 이름을 돌보는 것, 이것이 병법의 도이다.

제 2 장

—

물의 장

—

유연한 듯 강하게

들어가기 전에

병법 '니텐 이치류'의 본질은 '물의 정신'을 바탕으로 한다. 끊임없이 변화하는 물의 특성을 이해하는 것은 병법을 실천함에 있어서 매우 중요하다. 따라서 이 장은 "물의 장"이라고 칭하고 니텐 이치류의 핵심을 기록한다.

이 도의 내용은 매우 광범위하고 그 안에는 심오한 이치가 담겨져 있어 탁월한 직관과 진지한 마음으로 이해하지 않고 대충 흘려보낸다면 이치에 도달하기 어려울 것이다. 병법의 도리에 대해 마치 일대일 승부처럼 기록한 부분이 있더라도 생각의 범위를 넓혀 만대만의 전투로 확대해서 살펴보아야 한다. 이 병법의 도는 아주 작고 사소한 부분이라 할지라도 잘못 이해하거나 깨달음을 얻지 못하면 옳지 못한 길로 들어설 수도 있다.

이 책을 읽는다고 해서 병법의 도를 완전히 깨달을 수 있는 것은 아니다. 내용을 건성으로 읽거나 대충 노력하는 선에서 끝내지 말고 스스로 찾아낸 것처럼 여겨질 수 있도록 그 입장이 되어 깊이 연구해야 한다.

끊임없이 변화하는 물처럼

"물의 장"에서는 변화하는 가운데 변화하지 않는 도를 이야기하고 있다. '물 같은 마음'은 병법 수련의 기본 요소이다. 물은 유하고 연하며 늘 맑고 깨끗해서 일정한 형태가 없다. 심성이 물과 같다면 영혼도 사물에 따라 변할 수 있을 것이다. 깊은 물은 맑고 푸르며, 큰 바다의 물은 늘 짙푸르다. 이것이 바로 변하지 않는 물의 도이다.

무사시는 자신의 병법이 물의 정신을 바탕으로 한다고 기록하고 있다. 물은 담는 용기에 따라 그 모습을 달리한다. 작은 컵에 담을 때와 큰 바가지에 담을 때 그 모습이 다르다. 물을 본보기로 하여 마음과 몸을 물과 같이 자유자재로 만들 수 있도록 이 책에 적힌 내용을 흉내내는 정도에 그치지 말고, 검법을 수련하는 데 기초로 활용하되 자신만의 개성이 묻어나는 검법을 터득하라는 것이다.

병법을 연마하는 마음가짐

병법을 연마하는 마음가짐은 평상심이다. 평상심이란 어떤 일이 닥치더라도 냉정함을 유지하며 조급해하거나 당황하지 않는 것이다. 지나치게 긴장하거나 너무 느슨하지 않음을 의미한다. 무언가가 마음을 흔들려고 할 때, 단 한 순간이라도 그것에 좌우되지 않도록 마음을 한가운데 두어야 한다. 이는 부단히 노력해야 한다.

조용할 때라도 마음은 정지해 있어서는 안 된다. 아무리 빠르게 움직일 때라도 마음은 조금도 빨라져서는 안 된다. 마음은 몸에 끌려 다녀서도 안 되고 몸은 마음에 끌려 다녀서도 안 된다. 마음으로는 경계하더라도 몸은 경계태세를 취하지 않아야 한다.

마음을 쓰는 데 있어서 지나치고 부족함이 없어야 한다. 마음을 쓰는 방법에 지나치고 부족한 점이 없어야 한다. 겉으로는 약해 보여도 본심은 강하니 속내를 남에게 간파당하지 않아야 한다. 몸집이 큰 사람이 마음은 한없이 작을 수도 있고, 몸이 작은 사람일 지라도 마음은 크고 건강할 수 있다. 몸이 크든 작든 외형에 따라 구속받을 필요가 없다.

마음을 흐리게 하지 말고, 넓은 마음으로 사물을 지혜롭게 바라보아야 한다. 지혜와 마음은 모두 갈고 닦아야 한다. 지혜를 닦아 세상의 옳고 그름을 구분하고, 선과 악을 알며 다양한 무예의 도를 두루 섭렵하고 체험하여 세상 사람들에게 조금도 현혹되지 않게 된 연후에야 비로소 병법의 지혜라고 할 수 있다.

싸움터에서의 판단력은 다른 일에서의 판단력과 다르다. 전장에서처럼 바쁠 때에도 병법의 도리를 다하고, 동요하지 않는 마음을 유지할 수 있도록 잘 연마해야 한다.

평상심

평상심을 잃을 때 사람들은 무리수를 두거나 실수를 하게 된다. 남이 자신의 상황이나 속내를 알아차릴 정도로 처신하는 것은 바람직하지 않다.

무사시가 말하는 평상심平常心은 신체와 마음을 모두 아우르는 개념이다. 사람들은 차 한 잔을 마실 때의 마음 상태와 상대와 결투를 벌일 때의 마음 상태가 다르다고 생각한다. 그러나 무사시의 생각은 달랐다. 무사시는 도에 따라 정신을 수양하고 신체를 단련하면 마음은 늘 차분하고 안정된 상태를 유지하게 되어, 어떤 선입관이나 편견에도 사로잡히지 않는다고 강조한다. 진지하면서도 고된 훈련을 거친 뒤에야 얻을 수 있는 이런 마음의 상태를 무사시는 평상심이라고 불렀다.

평상심은 그저 필부匹夫가 느낄 수 있는 마음의 상태가 아니라 특별한 자기 수양과 단련을 거친 사람만이 가질 수 있는 것이다. 평상심은 진지한 단련과 수양의 자연스러운 결과이다. 이로써 사람들은 최고선最高善의 상태에 도달하게 된다.

다음은 아규 무네노리의 《병법가전서兵法家傳書》에 나오는 평상심과 관련된 일화이다.

어느 승려가 선현에게 물었다.

"무엇이 도(道)입니까?

선현이 대답했다.

"평상심이 바로 도이니라."

이 짧고 담백한 대화는 도에 대한 최고의 경지를 나타내고 있다.

세상 모든 일이 다 그러하듯이 평상심이 있어야 인생에서도 좋은 결과를 얻을 수 있다.

다쿠앙 소호는 《부동지신묘록不動智神妙錄》에서 이기려고만 하는 마음을 병이라고 지적한다. 피나는 연습을 했다고 생각해서 자신의 실력을 보여주려고 하는 것 또한 병이라고 지적한다. 병에서 벗어나고자 하는 것 또한 병이라고 지적하고 있다. 한 곳에 마음을 집착시키지 않는 것이 승리의 결정적인 요인이라는 것이다.

한 곳에 집착하면 전체를 볼 수 없다, 이는 병법뿐만 아니라 삼라만상에 적용되는 보편적인 진리다. 검도를 배우는 사람들이나 이익을 걸고 경쟁하는 비즈니스 세계에 종사하는 사람들이라면 꼭 가슴에 새겨야 할 대목이다.

병법의 자세

머리는 숙이거나 젖히지 않고 기울이거나 비뚤어지지 않게 한다. 눈을 두리번거리지 않고 이마에 주름이 잡히지 않도록 한다. 미간은 찌푸려서 눈동자를 움직이지 않게 하고 깜빡이지 않겠다는 생각으로 눈을 가늘게 뜬다. 온화한 표정으로 콧날을 세우고 아래턱을 잡아당긴다.

목은 뒤 근육을 곧게 펴고 목덜미에 힘을 준다. 어깨에서 발끝까지 몸 전체가 하나가 되었다고 생각하라. 양 어깨를 내리고 등 근육을 곧게 편다. 엉덩이를 내밀지 말고 무릎에서 발끝까지 힘을 주며, 허리가 굽지 않도록 해야 한다. '쐐기를 박아 조인다'라는 말은, 단검의 검집을 허리춤에 끼울 때 띠가 느슨해지지 않도록 꽉 조이라고 하는 가르침이다.

평상시에는 전투 때처럼 자세를 유지하고 전투 때에는 평상시의 자세를 유지하는 것이 중요하다.

적과 대면 시 자세

물의 장에서 가장 인상적인 가르침은 적을 대면하고 있을 때의 차림자세에 관한 것이다. 무사시는 올바른 차림자세란 어떠한 것도 '적을 베어 쓰러뜨릴 수 있는 자세'라는 점을 강조하고 있다.

무사시는 "겨눔이 있되 겨눔이 없다"는 말로 외형의 자세도 중요하지만 안에 있는 마음가짐이 더 중요하다고 가르치고 있다. 오랜 검인들의 표현 중에 '촌푼의 틈도 없는 겨눔'이라든가 '두견새의 털로 찌를 틈도 없는 겨눔'이라는 비유는 마음의 겨눔이 완벽하여 다가설 틈이 없다는 것을 의미한다.

심지어 어떤 검인 중에는 "내 목검에서는 화염(火炎)이 나온다."고 했던 사람도 있었다고 한다. 결투 시 서로 마주하면 그의 검 끝으로부터 나오는 무서운 기백이 용솟음치고 이상한 힘에 의해 상대의 마음을 제압해, 상대가 전혀 손발을 움직일 수 없었다고 한다.

일본의 민간 전설에 따르면 무사시는 젊었을 때 유명한 검객인 마루메 나가요시丸目長恵,1540~1629에게 도전한 적이 있었다고 한다. 당시의 나가요시는 이미 아흔에 가까운 고령이었고 몇 명의 제자들과 함께 낙 향하여 농사를 지으며 살고 있었다고 한다. 두 사람의 대결은 검을 빼들고 충돌하지는 않았지만, 나가요시는 단지 검을 빼는 동작만으로 무사시를 물러나게 한 것으로 전해진다. 병법에서 찰나에라도 몸의 자세가 얼마나 중요한지를 보여준 것이다. 자세만으로도 자신의 공력을 보여 줄 수 있다는 것을 입증해준다.

병법의 시야

'관觀'과 '견見', 두 가지 안법이 있다. 관觀의 눈은 상대의 생각을 읽어 내는 큰 의미의 눈을 말한다. 견見은 상대의 행동을 보는 작은 눈을 말한다. 결투를 할 때는 가까운 곳을 보면서 세부적인 움직임을 읽고 먼 곳을 보며 마치 가까운 곳처럼 정확하게 포착해야 한다. 또한 상대방의 검이 어떻게 움직일지 헤아려 적의 검에 현혹되지 말아야 한다.

적의 검을 알아내어 조금도 적의 검을 보지 않는 것, 그것이 병법의 진수이다. 이것을 궁리해 보라. 시야는 개인의 결투에서나 다수가 싸우는 대규모 전투에서나 마찬가지이다. 눈동자는 움직이지 않고 양 옆을 보는 것, 그것이 중요하다.

이러한 것은 어느 날 갑자기 터득할 수 있는 것은 아니다. 이 책을 잘 읽고 내용을 숙지하여 반복적으로 수련하여 어떤 경우라도 시야에 변함이 없어야 한다.

대관소견大觀小見

누구나 볼 수 있는 것들에 현혹되어서는 안 된다. 육체의 눈이 아니라 마음의 눈으로 사물이나 현상을 주시하면서 본질을 꿰뚫을 수 있어야 한다. 시야가 좁은 사람은 눈으로 볼 수 있는 것에 만족하지만 대개 피상적일 가능성이 높다. 마음의 눈으로 먼 곳을 가깝게 보고 가까운 것을 멀리 볼 줄 알게 될 때 비로소 문제의 핵심을 간파할 수 있다.

무사시 또한 사물을 보는 데는 두 가지 방식이 있다고 설명한다. 하나는 신체의 일부분인 눈으로 보는 것이고 하나는 또 하나는 마음의 눈으로 통찰하고 인식하는 것이다. 무사시의 관견觀見의 시야는 아규 무네노리의 "상황 관찰하기"에 상응하는 내용이다. 이 역시 목적은 상대를 알기 위해서다. 구체적인 방법에 있어서도 두 병법은 공통점이 많다. '상황 관찰하기'에서는 '무'와 '유'의 두 가지 방법을 언급한다. 무는 비록 눈에 보이지 않지만 객관적으로 존재한다. 따라서 눈으로 보는 것이 아니라 마음으로 감지하는 것을 의미한다. 반면에 유는 외부로 나타난 현상 등으로 눈으로 보고 감지해 내는 것을 의미한다.

검도에 있어서 상대의 어느 부위에 눈을 둘 것인가 하는 것은 옛날부터 여러 가지 설設이 나누어져 있어 결정적인 것은 없다. 옛날 사람들은 '관견觀見 두 가지의 눈 두기'라든가, '먼 산의 눈 두기', '붉은 단풍 눈 두기' 등으로 유파에 따라 독자적인 표현을 사용하여 가르치고 있으나 이들 대부분이 심법心法을 설명하고 있다. 즉 구체적으로 어디를 보라는 것이 아니라 '먼 산을 보는듯한 마음으로 상대를 보라'와 같이 심안心眼을 강조하고 있다. 물론 검도의 수련이 최고에 이르면 옛날 사람들의 가르침도 이해할 수 있을 것이다.

격투기 선수들이 싸우기 전 자세를 보면 상대의 눈을 무시무시한 기세로 노려본다. 맹수들도 싸울 때는 반드시 상대의 눈을 노리고 있다. 이러한 모습을 보면 사람이든 동물이든 싸울 때는 반드시 상대의 눈을 노려보는 본능이 있는 듯하다.

눈 두기에 대해서는 확고한 신념으로 임해야 한다. 자신 없고 불안정한 것이 가장 나쁘다.

검을 쥐는 법

엄지와 검지는 가볍게 말아 쥔다는 기분으로 잡고 중지는 너무 죄지도 느슨하지도 않게 하며 약지와 소지는 힘을 주어 말아 쥔다. 검을 쥔 손바닥이 느슨해지면 안 된다. 검을 그냥 쥐어서는 안 된다. 적을 벤다고 생각하고 검을 쥐어야 한다. 적을 벨 때에도 손안에 변화가 없어야 하고 손의 틈새가 벌어지지 않아야 한다.

적의 검을 치거나 받거나 제압할 때에도 손매무새데노우치에 변화가 없어야 하고 손을 움켜쥐지 않아야 한다. 엄지와 검지에 좀 더 힘을 주고 적을 벤다는 기분으로 쥐어야 한다.

연습으로 베든 전투 시에 베든 사람을 벤다는 점에서는 차이가 없다. 나의 유파에서는 검도 손도 고착固着을 피하고 있다. 고착된 것은 죽은 손이다. 고착되지 않은 것은 살아 있는 손이다. 이 점을 명심해야한다.

손 조임

죽도는 손으로 쥔다. 그러나 죽도의 부위도 다르고, 쥐는 힘도 다르다. 즉, 열 손가락 각각의 쥐는 정도가 미묘하게 다르다. 기본동작을 설명해 보자면, 왼손 새끼손가락을 가장 강하게 조여잡고 약지, 중지, 인지 순으로 조금씩 힘을 늦추고 오른손 새끼손가락으로 옮겨가 엄지로 가장 가볍게 쥔다. 그리고 한 개의 죽도에 생명을 불어넣는 듯한 힘을 준다. 이것은 간단한 듯하지만 매우 어려운 일이다. 좌우의 손가락이 대립해서는 안 된다.

보통 사람의 경우 왼손에 비해 오른손이 힘이 세다. 그럼에도 죽도는 왼손으로 강하게, 오른손으로 가볍게 잡아야 한다. 즉, 본래의 강함과는 반대의 것을 요구하고 있다. 태어날 때부터 강한 근육의 힘을 억누르고 약한 근육에 강한 힘을 줌으로써 전체의 움직임을 평균화시키고 어느 한 쪽으로도 치우치지 않도록 양손이 협력하도록 해야 한다. 이것은 현대 운동 역학의 이론과도 일치하고 있다. 이와 같은 것을 염두에 두고 자신의 손 조임을 분석, 연구하고 단련하면 이상적인 겨눔의 자세가 만들어 진다.

발 운용법

　발의 동작은 뒷발에 몸무게를 실어 바닥을 세게 밟고, 발뒤꿈치는 살짝 들도록 한다. 전투를 벌이는 동안 주변 여건의 변화에 따라 발 움직임의 빠르기나 보폭, 밟는 동작의 세기 등에 다소 차이가 있을 수 있겠지만 자연스럽게 걷는 게 최선이다. 발 동작 가운데는 뛰어오르는 발 동작, 들떠 있는 발 동작, 멈춰있는 발 동작 등 세 가지는 피해야 한다.

　"발동작에서는 음양이 중요하다"는 말이 전해 내려오고 있다. 이는 한 발만 따로 움직여서는 안 된다는 의미이다. 상대를 베어 쓰러뜨릴 때는 물론 뒤로 물러서거나 상대의 공격을 받아칠 때 모두 두 발을 함께 움직여 오른쪽-왼쪽, 오른쪽-왼쪽과 같은 식으로 발을 내디뎌야 한다. 언제든 한쪽 발만 움직여서는 안 된다.

일안一眼, 이족二足, 삼심三心, 사도四刀

거의 모든 스포츠에서 발의 사용footwork은 승패에 결정적 영향을 미치는 매우 중요한 요인으로 인식되고 있다. 발동작이 무겁게 느껴지거나 흐트러진 선수는 패자가 될 확률이 높다.

검도에서도 발의 중요성은 마찬가지이다. "일안一眼, 이족二足, 삼심三心, 사도四刀"라는 말이 아직 남아있는 것만 보아도 알 수 있다. 검도에서도 갑자기 선수의 발놀림이 멈추거나 흐트러질 때가 있다. 피로함도 그 원인의 하나이지만 가장 큰 원인은 머릿속이 일순간 공백 상태가 되어 멍하게 서있게 상태가 되는 것이다. 예방책으로 생각할 수 있는 것은 평소에 다리와 허리를 단련해 두는 것이다.

다섯 가지 자세

다섯 가지 자세란 상단·중단·하단·우협세·좌협세를 말한다. 자세는 이 다섯 가지 외에는 없지만 모두 사람을 베기 위한 것이다. 어느 자세라도 자세를 취한다는 생각을 하지 말고 베는 것만 생각해야 한다. 자세의 크고 작음은 상황에 따라 유리한 쪽을 따르면 좋다.

상단·중단·하단은 기본 자세이다. 좌우 양협의 자세는 응용 자세이다. 좌우협 자세는 위쪽이 막히고 한쪽 옆이 막힌 곳에서 사용하는 자세다. 좌우는 장소에 따라 달라진다.

병법에서 자세의 극치는 중단 자세임을 명심해야 한다. 중단은 자세의 근본이다. 병법兵法을 큰 전투에 비유하자면 중단 자세는 대장의 자리이다. 그 대장을 중심으로 나머지 네 가지 자세가 있는 것이다. 깊이 깊이 음미하도록 하자.

자세의 근본 : 중단세

검도 연습을 예로 들면, 매일 1시간의 연습에서 중단 자세를 취하는 회수는 14~15회는 될 것이다. 극히 당연한 동작인 것으로서 어느덧 기氣를 느슨히 하여 대수롭지 않게 중단 자세를 취한다. 습관의 무서운 점이 여기에 있다. 기본에서 확실히 배웠을 올바른 중단 자세를 대수롭지 않게 겨눔으로써, 작은 부분에서 조금씩 무너져 가고 있는 것에는 거의 신경 쓰지 않는다. 가령 하루에 15회 중단자세를 취한다고 하면, 1개월에 450회나 중단자세를 취하게 된다. 간단한 동작이라고 생각을 굳히고는 아무 일 없는 듯하고 있는 사이에 여기저기에 자그마한 결점이 생기기 시작한다. 나쁜 버릇이 붙어도 그것을 올바른 겨눔 자세라고 착각한 채 연습을 계속하는 것이다. 이것이 가장 무섭다. 골프를 예로 들면 기본 자세인 '어드레스' 또는 '폼FORM'이 조금씩 흐트러져 있는 것이다. 모든 스포츠에서도 자세가 중요한 건 두말 할 필요가 없다.

그러면 어떻게 하면 좋은가? 매일 몇 번이고 중단 자세를 취하든, 그 횟수의 많음에 집착하지 말아라. 매회 기분을 새롭게 하고, 기를 빼지 않고 완벽한 중단 자세를 취하도록 자신을 채찍질하는 것이다, 일기일

회—期—會 정신을 여기에 살리는 것이 중요하다.

　"자세가 있되 자세가 없다"라고 하는 것은 《오륜서》 속에 있는 유명한 말이다. 외형으로서의 자세도 중요하지만, 안에 있는 마음가짐이 보다 중요하다고 하는 것을 잊어서는 안 된다는 가르침인 것이다.

장검의 사용법

장검을 잡는 법은 엄지손가락 전체를 띄우는 기분으로 잡는다. 가운데 손가락은 조이지도 말고 풀지도 말며, 약지와 새끼손가락은 조이는 기분으로 잡는다. 손바닥 힘이 느슨해져서는 안 된다. 장검을 쥐었을 때는 항상 적을 벤다고 생각하고 쥐어야 한다. 적을 벨 때에도 손에 변함이 없어야 하고 움츠러들어 움직임이 부자연스럽게 되어서는 안 된다. 만약 상대의 큰 검을 치거나 받거나 부딪치거나 누르거나 할 때에도 엄지손가락과 집게손가락만을 약간 바꾼다는 기분으로 장검을 쥐어야 한다.

시험 삼아 베는 연습을 할 때에나 실제로 싸움에서 적을 벨 때에도 그 손 모양은 사람을 베는 모양과 다르지 않아야 한다. 그렇다고 해서 장검에 손을 고정시켜 움직이지 않음을 뜻하는 것이 아니다. 고정된 손은 '죽은 손'이고 고착되지 않은 손은 '살아있는 손'이다. 마음에 잘 새겨야 할 것이다.

첫 번째 자세 — 중단세

검 끝을 적의 얼굴에 대고 적과 맞선다. 적이 검을 치면서 공격해 올 때 검을 재빨리 처올려 오른쪽으로 밀어 붙인다. 적이 치고 올 때는 검 끝을 되받아치고 큰 검을 내린 채 그대로 두었다가 적이 계속해서 공격해오면 아래에서 적을 올려친다. 이것이 첫 번째 자세이다.

다섯 가지 기본형은 읽기만 해서는 이해할 수 없다. 장검을 직접 손에 들고 그 이치를 연습해야 한다. 장검의 이 다섯 가지 자세를 익히면 니텐 이치류에서 말하는 장검의 이치를 깨닫게 되는 것이다. 적이 어떤 식으로 공격해 오더라도 그 움직임을 읽을 수 있다. 잘 단련해야 할 것이다.

중단세

　결투를 할 때 칼끝을 상대방의 얼굴을 향하면서 접근한다. 재빨리 상대의 검을 오른쪽으로 쳐내고, 움직이지 못하도록 내리눌러 방어한다. 반드시 검을 신속하게 쓴다.

두 번째 자세 ― 상단세

상단은 적이 공격해 올 때 단숨에 치는 자세이다. 만약 적을 제대로 치지 못했으면 그대로 자세를 유지하다가 다시 적이 공격해 들어올 때 아래쪽에서 위쪽으로 친다. 반복할 때도 마찬가지이다.

마음의 상태나 다양한 박자의 변화가 있는 자세여서 충분히 단련을 하면 장검의 다섯 가지 도를 얻을 수 있다. 잘 연습해야 할 것이다.

상단세

시작 단계의 기술이다. 상대방을 공격했을 때 검이 빗나갔다면 아래로 내려친 검을 다시 위로 들지 말고 적당한 위치에서 멈춘다. 상대방

이 재차 공격하려고 할 때 검을 위로 깎아 올리듯이 올려치는 동작을
반복한다.

세 번째 자세 — 하단세

장검을 늘어뜨린다는 기분으로 하단에 겨눠서 자세를 잡는다. 적이 공격해 올 때 아래서부터 훑어 올리듯 상대방의 손을 공격하는 자세이다.

상대방은 당신의 손을 공격해 장검을 떨어뜨리려 할 것이다. 그때 상대방의 검을 막고 옆에서부터 가로지르며 적의 손목을 공격하도록 한다. 이 자세의 핵심은 상대방에게 틈을 보이지 말고 아래쪽에서 신속하게 공격해야 한다는 점이다. 초심자이거나 수련한 자이거나 관계없이 자주 접하는 자세이므로 잘 익혀 둘 필요가 있다.

하단세

상대방의 빈틈을 이용해서 순간적으로 아래쪽에서부터 공격한다. 상대방이 반격하면서 검을 아래로 누를 때 그 검을 위로 훑어 올리듯이 쳐올리면서 상대의 손목을 공격하는 것이다. 선수를 치고 주도권을 잡으려면 우선 상대방의 아래쪽을 노려야 한다.

네 번째 자세 ― 좌협세

네 번째 자세는 장검을 왼쪽 옆구리에서 그 끝이 아래로 향하도록 쥐고 있다가 공격해 들어오는 적의 손을 아래에서 위로 올려치는 법이다. 상대가 위에서 내리치며 공격해 오면 상대의 검의 움직임에 따라 함께 장검을 움직이며 상대의 손을 친다는 기분으로 상대의 검 끝이 내려긋는 선을 되받아 자신의 어깨의 위쪽을 향해 대각선으로 올려친다. 이것이 네 번째 장검을 쓰는 법이다. 또 적이 연거푸 공격해 올 때에도 장검의 도를 터득하면 이를 되받아쳐서 능히 이길 수 있다.

좌협세

손을 공격함으로써 상대의 공격을 무력화시킨다. 먼저 검을 왼쪽 옆구리에 빗겨 잡는다. 상대방이 공격해 올 때 검을 아래서 위로 올려쳐 상대방의 손목을 공격한다.

다섯 번째 자세 ─ 우협세

장검을 오른쪽 옆구리에서 그 끝이 아래로 향하도록 쥐고 있다가 적이 공격해 들어오는 적의 손을 아래에서 위로 올려치는 법이다. 이때 상대방의 손의 움직임에 각별히 주의해야 한다. 이 방법 역시 반복적으로 연습해야 하는데 특히 신속한 움직임이 중요하다. 이 방법을 터득하면 아무리 무거운 검이라도 자유자재로 사용할 수 있게 된다.

이 다섯 가지 기본형에 대해서 더 이상 자세하게 소개하지는 않겠다. 니텐 이치류의 병법에서 말하는 장검의 사용법을 이해하고 박자를 익혀서 상대가 장검을 휘두르는 이치까지 잘 분간해 낼 수 있도록 평상시에 부단히 연마해야 한다.

적과 싸우는 동안에도 이 큰 검의 법칙을 알고 적의 마음을 간파하고 갖가지 박자를 익히면 어떻게든 승리할 수 있다.

우협세

먼저 검을 오른쪽 아래로 향하도록 둔다. 상대방이 공격해 오면 자신의 검을 아래에서 위로 비스듬하게 쳐올린 다음 위에서 아래로 곧장 상대방을 내리친다.

상대방의 손이 움직이는 위치에 각별히 주의하면서 신속하게 자신의 검법을 전환시켜야 한다.

자세가 있으되 자세가 없다

"자세가 있으되, 자세가 없다"는 말은 본래 장검을 휘두르는 데는 특별한 자세에 얽매이지 말고 융통성 있게 변화를 추구하라는 뜻이다. 그러면서도 다섯 가지 방향상, 중, 하, 좌, 우으로 장검을 쥐면 그것이 곧 자세가 된다. 다만 장검은 적의 동태에 따라, 장소에 따라, 형세에 따라(다섯 가지 방식 중) 어떤 방식으로 장검을 두더라도 그 적을 베기에 유리하도록 두는 것이 중요하다.

상단세도 때에 따라 약간 장검을 조금 내리면 중단세가 되고, 중단세도 경우에 따라 약간 올리면 상단세가 된다. 하단세도 상황에 따라 약간 올리면 중단세가 된다. 좌협세·우협세도 상황에 따라 약간 가운데로 향하면 중단세나 하단세가 된다.

어쨌든 장검을 손에 쥐면 어떤 식으로든 적을 베고 말겠다는 마음가짐이다. 공격해 오는 적의 장검을 받거나, 치거나, 맞서거나, 버티거나 하는 모든 행위들이 적을 베기 위한 것임을 알아야 한다.

받는다는 생각, 친다는 생각, 맞선다는 생각, 붙인다는 생각, 건드린다는 생각, 그러한 생각들은 베는 것을 불충분하게 만들 것이다. "어떠한 것이라도 적을 베기 위해서이다"라는 생각이 중요하다. 이 이치를 잘 음미해야 한다.

대규모의 교전에서 병력을 배치할 때도 자세가 있으나 자세가 없다는 교훈을 잘 새겨야 한다. 한 가지 진술에 집착하거나 기존의 것만 고집하는 한 결코 승리할 수 없다. 충분한 연구가 필요하다.

유구무구 有構無構

유구무구란 자세가 있으면서도 없고, 위치가 있으면서도 없다는 뜻이다. 결투를 할 때 자세는 고정 불변이 아니라 시간과 장소에 따라 얼마든지 변화시키고 조정해야 한다는 것이다. 자세를 조절하는 유일한 기준은 '실전에 유리한가'이다.

무사시는 다섯 가지의 기본적인 자세를 언급하면서 이를 살아있는 형태로 만들어 언제고 평상심을 유지하면서 유연하게 적용할 수 있어야 한다고 강조한다. 그림을 그리건 글을 쓰건 선線 하나하나를 어떻게 올바르게 그을 수 있는지를 배워야 하듯이, 전투에서 검을 제대로 휘두르기 위해서는 무엇보다 그 휘두름이 살아있어야 한다. 목숨을 건 실제 전투에서 어떤 특정 한 형식에 얽매인 사람은 지게 돼 있다. 이런 사람은 상대가 다양한 기술로 공격해 오리라는 생각을 미처 하지 못하기 때문이다. 다양한 기술에는 다양한 기술로 대응해야 한다. 그런 점에서 고착되지 않은 살아있는 형태만이 상황이 변화함에 따라 탄력적으로 대응할 수 있다.

한
박
자
치
기

　적을 치는 박자에 《한 박자(일격에) 치기》라는 것이 있다. 상대와 내가 검이 마주칠 정도의 거리를 두고, 상대가 미처 마음을 가다듬기도 전에 내 몸과 마음을 움직이지도 않고 단숨에 치는 동작이다.

　내 몸과 마음을 움직이지 않고 번개같이 치는 검에는 반사적인 감각만 있을 뿐 어떤 생각이나 관념이 있을 수 없다. 생각하고 있을 때 이미 상대의 검이 나를 찌르고 있을 것이기 때문이다. 생사의 공간에서 요구되는 것은 몸과 마음의 하나됨이다.

《한 박자 치기》의 핵심

공격하기 좋은 위치와 시점을 빠르게 선택해서 단번에 내리쳐 쓰러 뜨린다. 상대방이 검을 빼서 공격하려는 마음의 결정을 할 틈도 없이 먼저 선수를 쳐서 공격하는 것이 관건이다.

두
박
자
치
기

내가 먼저 치고 들어가려는 순간, 상대가 재빨리 물러나면서 다시 치고 들어오려 할 것이다. 이때 상대를 치는 척하는 거짓 동작으로 상대를 움찔하게 한 다음 순식간에 공격하는 것이다. 이러한 공격 방법은 책을 읽기만 해서는 터득하기 어렵다. 잘 익혀두면 실전에서 잘 활용할 수 있는 기술이다.

《두 박자 치기》의 핵심

먼저 공격하는 자세를 취해 상대를 긴장시킨 다음 집중력이 흐트러진 틈을 타서 재차 공격하는 것이 관건이다.

무념무상 치기

상대와 동시에 치려고 할 때, 몸으로는 치는 것처럼 하되 마음과 검은 남기고 상대의 기운 사이를 허공으로부터 벤다. 몸도 치려는 몸이 되고 마음도 치려는 마음이 되는 것이 《무념무상 치기》이다. 치기의 가장 중요한 기술로 실전에서 자주 사용한다.

《무념무상 치기》의 핵심

어떤 생각도 하지 않고 곧바로 공격하는 기술이다. 공격 위주의 격렬한 전투 시에 쓰인다. 본능에 의하여 세세한 생각 없이 전력을 다해 베고 자신의 퇴로조차 고려하지 않는 공격 방법이다.

유수^{流水} 치기

자신의 역량과 비슷한 상대와 겨룰 때 상대가 서둘러 공격하려 하거나 재빨리 물러나거나, 밀어 젖히려는 순간에, 자신은 심신을 안정시켜 연못에 물줄기가 고여 들 듯이 검을 몸 뒤에서 크고 힘차게 내려친다. 이 기술을 읽히면 확실히 손쉽게 상대를 칠 수 있다. 그전에 상대의 전술을 간파하고 있어야 한다는 게 중요하다. 이 기술 또한 실전에서 자주 사용되므로 충분히 연습해야 한다.

《유수 치기》의 핵심

한 걸음씩 상대를 압박해 들어갈 때 몸이 죽 퍼지는 틈을 타, 뒤에서

부터 검을 흐르는 물처럼 크고 세게 내려치는 기술이다. 내려치기에 가
장 적당한 위치를 찾는 게 관건이다.

번개 치기

《번개 치기》는 상대의 검과 자신의 검이 맞닿을 정도로 근접했을 때 자신의 검을 전혀 들어 올리지 않고 강하게 치는 기술이다. 손과 발 온몸에 힘을 모아 단숨에 치는 것이다. 반복적으로 연습해야만 능숙하게 구사할 수 있다.

《번개 치기》의 핵심

교전 중 서로 팽팽하게 맞닿아 있어서 검의 위치를 변화시킬 여유가 없을 때, 검을 높이 들지 말고 온몸의 힘을 최대한 이용해서 상대의 검을 친다. 다리와 팔 등 온몸의 힘을 다해 신속하게 치는 것이 핵심이다.

홍엽紅葉 치기

《홍엽 치기》는 상대의 검을 쳐서 떨어뜨려서 자신이 그 검을 줍는 방법이다. 상대가 자신의 앞에서 검을 겨누고 공격해 들어오거나 자신의 검을 받아 쳐내려 하면《무념무상 치기》또는《번개 치기》로 상대의 검을 끝까지 밀어 붙인다는 생각으로 힘껏 친다. 그러면 상대의 검은 반드시 떨어진다. 이 동작을 익히면 상대의 검을 쉽게 떨어뜨릴 수 있다.

《홍엽 치기》의 핵심

상대방이 바로 앞에서 공격을 시도할 때 고도의 집중력으로 힘차게 상대의 검을 친 다음 한 걸음 나아가 쓸어내리듯이 매섭게 내려친다.

검을 대신하는 몸

상대를 칠 때에는 자신의 검과 몸을 동시에 움직이지 말아야 한다. 상대가 공격해 오는 상태에 따라 몸부터 먼저 칠 태세를 갖춘 후에 검을 휘둘러야 한다. 혹은 몸을 그대로 둔 상태에서 검을 휘두를 때도 있지만 대게는 몸이 먼저 움직이고 검은 나중에 친다. 잘 연구하여 연습해야 한다.

몸으로 친다

여기까지는 적을 치는 기법이 설명되어 있다. 이것은 무사시의 구체적인 체험에 의해서 기술된 것이다. 이론을 위한 이론이 아닌 체험에서

얻어진 기법이라는 것을 알아야 한다. 특히 주목할 것은 "몸부터 먼저 칠 태세를 갖춘 후에 검을 휘둘러야 한다"는 대목이다. 몸이 태도보다 먼저 나간다는 생각으로 하지 않으면 상대를 벨 수가 없다.

이는 현대 검도에서도 매우 중요한 대목이다. 우선 상대 속으로 몸이 먼저 들어가지 않으면 특히 허리를 넣지 않으면 기술은 제대로 걸리지 않는다. 몸과 허리를 뒤로 쑥 뺀 채, 상대를 향해 죽도를 휘두르는 모습이란 얼마나 우스운가!

치는 것과 닿는 것

　치는 것과 닿는 것은 다른 동작이다. 치기는 어떤 식으로든 의식해서 작정하고 치는 동작을 말한다. 비록 적이 즉사할 만큼 세게 닿았다 하더라도 그것은 그저 상대에게 닿은 것이다. 그러나 치기는 작정을 하고 치는 동작이다. 잘 연마해야 한다.

　상대의 손이나 발에 부딪힌다는 말은 후에 강하게 치기 위해 우선 닿는다는 뜻이다. '닿는 것'은 스친다는 정도의 동작이다. 잘 습득해서 치기와 닿기를 잘 구별할 수 있도록 연습해야 한다.

우연히 닿은 것과 의식적으로 친 것

　무사시는 검으로 상대를 치는 데에도 두 가지가 있다고 강조하고 있다. 하나는 우연히 치는 것이고 또 다른 하나는 의식적으로 기술을 발휘해서 치는 것이다. 우연히 적을 치는 것은 몸과 마음을 집중한 것이 아니므로 아무런 의미도 없다. 반면 치겠다는 의도를 가지고 치는 것은 제대로 된 기술과 집중, 힘을 요구한다. 우연히 혹은 운이 좋아서 적을 치게 되는 것은 전투 상황에서 아무것도 아니다. 검으로 상대를 죽이겠다는 분명한 의도를 가지고 시도해야 한다.

　삶에 있어서도 계획의 결과물과 우연의 결과물을 구분할 줄 아는 지혜와 용기가 필요하다. 인간이란 본래 자신에게 유리한 방향으로 해석하고 믿는 경향이 있다. 우연이라는 요소가 가져다 준 행운을 마치 자신의 노력의 결과인 것처럼 착각하는 경우가 그렇다. 두 가지를 엄밀히 구분하여 스스로 경계하는 일을 게을리하지 않는 것이 성공을 향한 자세이다.

짧은 팔 원숭이 몸

손이 짧은 원숭이 몸이란 손을 내밀지 않는 동작을 말한다. 상대 쪽으로 몸을 기울일 때는 조금도 손을 내밀지 않겠다는 생각으로 상대가 치기 전에 재빨리 몸을 밀고 들어간다. 손을 뻗을 생각을 하면 반드시 몸의 속도가 느려진다. 온몸을 아주 빠르게 이동해야 한다. 손이 닿는 거리라면 상대에게 몸을 붙이기도 쉽다. 많이 연습해야 한다.

짧은 팔 원숭이 몸 기술

손을 멀리 내뻗지 않고 몸을 민첩하게 움직여 상대방이 공격하기 전에 상대방과 거리를 좁히는 전략이다.

칠교
刺膠
검법

칠교 검법이란 칠이나 아교처럼 상대방에게 몸을 밀착시켜 떨어지지 않는다는 뜻이다. 상대에게 접근할 때는 머리와 몸, 다리를 바짝 붙여야 한다.

얼굴이나 발은 빨리 갖다 붙여도 몸은 뒤로 빼기 마련이다. 그러므로 자신의 몸을 바짝 붙여 조금이라도 틈새가 벌어지지 않도록 연습해야 한다.

칠교의 몸 기술

상대방의 몸에 바짝 달라붙어 옴짝달싹 못하게 한다. 상대방이 나와의 거리를 유지하지 못하도록 하는 기술이다.

키
재
기

상대와 아주 가까운 거리에 있다면 절대 몸을 위축시키지 말고 다리와 허리와 목을 곧추 세운다. 그리고 나서 상대의 얼굴과 자신의 얼굴을 나란히 한다. 마치 '내 키가 더 크다' 하는 느낌이 들 정도로 몸을 쭉 펴고 강하게 밀착시키면서 접근한다. 많은 연구가 필요하다.

키 재기 몸 기술

상대방에게 접근할 때 다리, 허리, 목, 무릎 등 전신을 늘린다는 기분으로 몸을 최대한 곧게 펴는 기세로 상대방을 압도해야 한다.

달라붙기

상대가 검을 휘두르며 쳐 오고, 자신도 이를 받아치는 상황에서 공격을 막으려는 상대의 검 위에 자신의 검을 붙여둔 채 마치 상대에게 달라붙은 것처럼 하여 앞으로 나아가는 기술이다. 상대에게 달라붙은 것 같다는 의미는 자신의 검이 상대의 검과 쉽게 떨어질 수 없다는 의미이다.

이 기술을 구사할 때에는 억지로 강하게 몰아쳐서는 안 된다. 자신의 검을 상대의 검에 붙인 상대에서 힘이 강약을 조절하여 상대 쪽으로 나아가야 자연스럽고 편하게 쓸 수 있는 것이다. 그러나 상대의 검에 달라붙는 것과 상대의 검과 얽힌다는 것은 완전히 다른 문제이다.

달라붙는다는 것은 적을 제압한다는 의미지만 얽힌다는 것은 자신

이 약하고 혼란에 빠졌다는 의미이다. 두 가지의 차이를 잘 구분해야
한다.

점도술粘刀術

자신의 검을 상대방의 검에 바짝 붙인 상태에서 힘으로 검을 억눌러
상대방이 검을 움직이지 못하도록 한다.

몸 부딪히기

《몸 부딪히기》는 상대의 바로 앞까지 다가간 자세에서 몸 전체를 던져 상대에게 부딪히는 것이다. 이때 얼굴은 약간 돌리고 왼쪽 어깨로 상대의 가슴을 공격한다.

이 기술의 포인트는 호흡을 가다듬고 자기 몸의 강도를 최대화하여 마치 상대의 가슴에 부딪혀 튕겨져 나올 것처럼 세게 부딪치는 데에 있다. 몸 부딪치기 기술을 터득하게 되면 상대를 2.3간1간=약 1.8m 정도 쉽게 날려 버릴 수 있다. 이 기술은 상대의 목숨을 빼앗을 수도 있으므로 잘 연습해야 한다.

당격술撞擊術

얼굴을 약간 옆으로 돌리고 오른쪽 어께를 앞으로 살짝 비튼 다음 맹
렬한 기세로 달려가 상대방의 가슴을 친다. 전신의 힘을 쏟아내야 상대
방을 사지로 몰 수 있다.

상대 공격을 받아내는 세 가지 기술

상대의 공격을 받아내는 세 가지 기술 가운데 첫 번째로는 자신의 검으로 상대의 눈을 찌를 듯이 하여 상대의 검을 막으면서 이를 자신의 오른쪽 어깨 방향으로 돌려놓는 것이다. 두 번째는 찔러 받아내는 것으로, 자신의 검으로 상대를 찌르듯이 하면서 상대의 검을 막아내고 마치 목을 베어버리려는 것처럼 상대의 오른쪽 눈을 찌르는 것이다. 세 번째는 단검을 쥐고 있을 때 사용된다. 이 기술에서는 상대의 검을 막아내는 것에 크게 신경쓰지 말고 단검을 쥔 왼손으로 상대의 얼굴을 찌르도록 한다.

이것이 상대의 공격을 받아내는 세 가지 기술이다. 왼손으로 상대의 얼굴을 찌른다고 생각하면 효과적일 것이다. 잘 연습해야 한다.

얼굴 찌르기

　자신과 상대의 검이 맞부딪치고 있을 때 검 끝으로 상대의 얼굴을 찌를 듯이 한다. 계속 움직이면서 상대의 얼굴을 찌르려고 하면 결국 상대는 얼굴과 몸을 뒤로 젖히게 된다. 일단 이렇게 상대를 제압하게 되면 그 다음 상대를 베어 쓰러뜨리는 방법은 여러 가지다.

　전투를 벌이고 있는 중간에 상대가 이미 제압당했다는 생각과 함께 겁을 먹기 시작하면 승리는 이미 쟁취한 것이다. 이러한 점에서 《얼굴 찌르기》 기술은 매우 중요하다. 이 기술은 병법을 수련할 때 반드시 터득해야 하며 잘 익혀두어야 한다.

자면법刺面法

검이 얼굴을 향했을 때 상대방이 검을 피하느라 얼굴이나 몸을 뒤로 젖히면 그때 승기를 잡아 싸움의 전반적인 형세를 주도할 수 있다.

가슴 찌르기

이 기술은 미리 머리 위나 양 옆에 장애물이 있을 때 사용한다. 이때 보통 때처럼 검을 자유롭게 휘두를 수 없으므로 상대의 가슴을 제대로 찌르는 수밖에 없다.

이런 상황에서 상대의 공격을 피하려면 검의 등을 상대 쪽으로 하여 검을 수직으로 들고 검의 끝이 돌아가지 않도록 하면서 상대의 가슴을 찔러야 한다. 이것은 매우 유용한 기술이다. 특히 지쳤을 때나 검날이 무뎌졌을 때 써야 한다. 충분히 이해하고 잘 활용하기 바란다.

자심법刺心法

　자신의 검 끝을 흔들리지 않게 해서 상대방과 수직 상태를 유지한 다음 검의 끝이 빗나가지 않도록 일단 끌어 당겼다가 맹렬한 기세로 상대방의 예기를 끊으면서 가슴을 찌른다.

가츠-토츠의 기술

《가츠-토츠의 기술》은 자신의 공격에 맞서 상대가 반격을 시도할 경우 사용된다. 이럴 때는 자신의 검을 아래로부터 위로 들어 올려 역공을 취하면서 적을 찌르고 쳐야 한다. 이 기술을 쓸 때에는 빠른 속도로 박자를 타야 한다. 상대의 검을 밀어낼 때는 "가츠"라고 소리치고, 상대를 칠 대는 "토츠"라고 외쳐야 한다. 전투에서 이 같은 특별한 박자는 자주 사용된다.

이 기술에서 중요한 것은 검 끝을 위로 들어 올리고, 적을 찌르고, 적을 치는 모든 동작을 정신과 몸을 하나로 집중해서 단번에 해야 한다는 점이다. 잘 음미해서 훈련해야 한다.

카츠-토츠법

동작마다 큰 기합 소리와 함께 하는 것으로 기합 소리는 검을 쓰는 동작에 힘을 실어주고 살기를 강하게 내뿜으며 사기를 북돋아 준다.

때려서 쳐내기

　서로 검을 휘두르며 겨룰 때 자신에게 유리한 박자로 적을 끌어들인 다음, 상대의 공격을 때리는 자세로 막고 즉시 상대를 치는 것이다. 때리는 동작은 중간 정도의 힘으로 해야 한다. 실제로는 막는 자세가 되어서는 안 된다. 상대의 박자를 간파해 상대의 검을 살짝 때리고 즉각 공격에 들어가야 한다.

　때리는 자세를 취할 때는 진짜로 공격하는 것처럼 상대를 제압하는 게 중요하다. 일단 상대의 검을 때리는 박자에서 기선을 제압하면, 상대가 아무리 강하게 공격해 온다 할지라도 자신의 검 끝이 바닥으로 떨어질 염려는 없다. 이 기술을 잘 터득해서 연습해 보라.

많은 적과 싸우는 기술

《많은 적과 싸우는 기술》은 혼자의 힘으로 동시에 수많은 적들과 싸워야 할 때를 대비한 것이다. 이런 경우 장검과 단검을 한꺼번에 같이 휘두르면서 팔을 양 옆으로 뻗어야 한다. 상대가 여러 방향에서 공격해 온다 하더라도 한 방향으로만 적들을 몰아가야 한다. 누가, 어떤 방향에서, 어떤 순서로 공격해 올지 판단한 다음 가장 먼저 쳐들어오는 적을 상대하라. 전체적인 상황을 파악하고서 두 개의 검을 엇갈리듯이 동시에 사용한다.

상대 한 명을 베어 쓰러뜨렸다고 해서 머뭇거리거나 잠시라도 소극적인 자세를 보이면 안 된다. 오히려 즉각 두 개의 검을 양 옆으로 가져와 달려드는 상대들을 차례로 베어 쓰러뜨려 후퇴하게 만들면서 상대

진영을 분쇄해야 한다. 상대가 앞으로 나오면 계속해서 상대를 공격할 수 있도록 해야 한다. 가능한 모든 수단을 동원해 상대가 일직선으로 묶어놓은 생선처럼 되도록 한다. 이렇게 해서 상대 진영이 허물어져 겹겹이 서게 되면 주저 없이 공격한다. 많은 적을 상대하면서 특별한 전술조차 마음속에 두지 않는다면 기대하는 결과를 얻을 수 없다. 그렇다고 상대가 먼저 다가서기를 기다리고만 있어서도 안 된다.

상대가 공격하는 박자가 어떤 것인가를 직관적으로 알아내고 그들의 취약점을 발견해서 싸움을 승리로 이끌어야 한다. 기회 있을 때마다 많은 상대를 앞에 놓고 전투의 박자를 익히는 실전 언습을 해야 한다. 상대를 몰아붙이는 박자에 익숙해지면 한꺼번에 열 명이나 스무 명 정도를 상대하기란 어렵지 않을 것이다. 이점을 잘 이해하고 열심히 단련하라.

다수의 적과 싸울 때의 마음가짐

다수의 적과 싸울 때는 마음가짐이 중요하다. 다수의 적과 맞닥뜨렸을 때 겁부터 먹는다면 절대로 이길 수 없다. 결투를 할 때는 적이 한 명이든 스무 명이든 그들을 쓰러뜨리는 방법은 같다. 실전 경험이 쌓이다 보면 적을 곤경에 빠뜨리는 방법을 터득할 수 있다. 적의 숫자와 상관없이 평정심을 갖는 것이 중요하다.

검법의 원리에 대하여

검법의 원리를 깨닫게 되면 전투에서는 이기는 방법을 배울 수 있을 것이다. 이에 대해서는 여기서 자세히 쓰지 않겠다. 이기는 도에 익숙해 질 수 있도록 부단히 노력해야 한다.

검법의 원리야 말로 병법의 진수다. 검법의 원리에 대해 말로써나마 가르칠 것이다.

직통直通의 상태

　'직통'의 핵심은 니텐 이치류의 의미와 기술을 배워 그것을 다른 사람들에게 전하는 것이다. 성심성의를 다하여 이 병법을 익히는 게 매우 중요하다.

　지금까지 나는 니텐 이치류의 개략적인 검법의 원리에 대해 기술 했다. 병법은 검으로 상대를 물리쳐 승리하는 원리에 기초한 도이다. 따라서 이 병법은 다섯 가지의 기본적인 겨눔 자세를 통해 배워야 한다. 몸과 마음이 모두 검의 도를 깨달아 몸 전체의 유연함이 갖추어 지고, 마음은 예민해져 모든 일과 사물의 박자를 알아야 되는 것이다. 그럼으로써 검의 사용법을 제대로 익힐 수 있게 되고 완전한 자제력을 가질 수 있게 된다.

검법의 원리에서는 우선 한 명을 상대로 이길 수 있게 된 다음 두 명을 물리칠 수 있어야 하고, 병법의 세계에서 무엇이 선^善이고 무엇이 악^惡인지 구별하는 방법을 배워야 한다. 검법의 원리를 하루아침에 익힐 수는 없다. 천 리 길도 한 걸음부터 나아가야 하듯이 이 책에 씌어진 각각의 주제들을 차근차근 배워서 열심히 단련해야 한다. 때로는 스스로 병법을 개발하기 위해 실전을 가져야만 한다.

늘 기본적인 가르침을 마음속에 간직해야 한다. 너무 서두르지 말라. 실전을 통해 병법의 득실이 무엇인지 배우고자 하라. 누구와 대적하는 것을 주저하지 말라. 상대의 마음 상태를 읽게 되면 언제든 이길 수 있다. 멀고도 힘든 길이지만 인내와 결의를 갖고 걸어가야 한다.

항상 차분한 자세를 지켜라. 이것이 무사로서의 의무임을 깨닫고 병법의 도를 실천하도록 하라. 그렇게 매일 매일 스스로 성장해 갈 수 있도록 노력해야 한다. 오늘은 어제보다 나아지고 내일은 나보다 못한 상대를 이길 수 있도록 하고, 그 다음에는 나보다 뛰어난 상대를 물리칠 수 있도록 해야 한다. 검법의 원리를 터득한 다음에야 비로소 어떻게 혼자서도 수많은 적들을 물리칠 수 있었는지 깨닫게 될 것이다.

정신적인 수양과 검을 사용하는 기술에서 내가 창시한 병법의 원리를 이해하게 되면 일대일의 결투에서나, 대규모 야전에서나 모두 적용할 수 있는 병법의 지식과 지혜를 터득하게 될 것이다. 인내와 결의의 부단한 노력으로 천 일 동안 수련하는 것을 '단^鍛'이라 하고 만 일 동안 수련하는 것을 '련鍊'이라 한다. 이를 잘 음미하고 병법의 도를 단련하기 바란다.

단련鍛鍊 - 손발이 기억하게 연습하라

무사시는 직통의 경지를 그가 창안한 유파의 최상의 경지에 두고 있다. 이것은 니텐 이치류의 병법을 수련하는 사람이 오를 수 있는 최고의 수준이다. 이것은 수련에 수련을 거듭한 사람만이 도달할 수 있는 경지로, '수련한 사람의 몸'이 바로 그것을 뜻한다. 검과 몸이 하나가 된 상태가 바로 직통의 경지이다.

1970년대에 의식적 능력학습단계 모형Conscious Competence Learning Stages Model을 개발한 토머스 고든Thomas Gordon은 학습에 네 가지 단계가 존재한다는 사실을 발견했다. 인간의 학습 과정은 연습량과 훈련 방법에 따라 뚜렷하게 구분된다는 것이다. 이 모형은 현재까지도 학계와 재계에서 널리 활용된다. 네 단계는 다음과 같다.

1단계. 무의식적 무능력 : 자신의 장점이나 문제가 무엇이며, 어떻게 이를 확인하는지 모른다.

2단계. 의식적 무능력 : 장점이나 문제를 확인할 능력은 있으나, 그것을 개선하거나 바로잡을 열망이나 지식이 없다.

3단계. 의식적 능력 : 원하는 결과를 성취하기 위한 능력을 갖추었지만, 필요한 조처를 하는 프로세스에 의도적으로 초점을 맞출 필요가 있다.

4단계. 무의식적 능력 : 프로세스에 대해 생각할 필요 없이 원하는 결과를 성취할 능력을 갖추고 있다.

병법을 손발이 기억할 수 있는 단계는 결국 토마스 고든이 말하는 4단계 수준일 것이다. 무사시의 말처럼 천만번 연습이 필요한 단계이다. 다쿠앙 소호는 이 단계를 부동지不動智의 경지라고 설명하고 있다.

병법에 비유해 설명하자면, 초심자는 검을 잡는 자세를 아직 모르기 때문에 신체의 특정 부위에 마음을 두지 않고, 상대가 공격해 오면 생각 없이 막기 바쁘다(1단계 : 무의식 무능력). 그러나 여러 가지 검 기술을 배우고 검을 잡는 법과 마음을 어디에 두어야 할지를 배우고 나면, 결국 여러 곳에 마음이 머물러 부자유스럽게 되고(2단계~3단계 : 의식적 무능력, 능력), 결국 치고 들어가야 할 절호의 기회를 놓치고 만다. 하지만 오랜 기간을 수행하면 자세라든지 검을 잡는 법 등에 신경 쓰지 않게 되고 마치 아무것도 몰랐던 초보 때처럼 무심의 상태를 유지할 수 있게 된다(4단계 : 무의식 능력).

처음과 끝이 같다고 생각하고 하나에서 열까지 헤아려간다면 일과 십은 바로 옆에 있는 것이다. 음악의 장단도 이와 마찬가지이다. 가장

낮은 일월壹越에서 시작해 상무上無라는 가장 높은 장단에 도달하면, 상
무와 일월이 바로 옆이 되는 이치와 같다고 하겠다. 가장 높은 음과 가
장 낮은 음은 결국 비슷한 것이다.

그러므로 초발심 단계의 무명, 번뇌와 마지막 단계인 부동지가 하나
가 되고 무념무상의 경지에 이르게 된다. 이 마지막 단계에 도달하면
손발과 신체가 스스로 익혀서 일부러 마음을 일으키지 않아도 된다고
강조하고 있다. 이것이 직통直通이요, 부동지不動智다.

제 3 장

—

불의 장

—

전략과 전술

들어가기 전에

'니텐 이치류'에서 병법에서 불은 군대를 동원하는 전쟁에 비유된다. 따라서 실제 전투에서의 승패에 대해 설명하는 제 3장을 "불의 장"이라고 붙였다.

사람들은 병법의 원리에 대해 상당히 잘못 이해하고 있다. 예를 들어 사람들은 마치 부채를 사용하듯이 손가락 끝이나 손목을 잘 놀림으로써 병법에 숙달할 수 있다고 생각한다. 그래서 이들은 누가 더 자신의 팔을 빨리 움직일 수 있는가를 놓고 경쟁하고, 죽도竹刀로 훈련하면서 단지 속도를 높이는 데 주력한다. 오로지 손과 발의 능숙한 움직임만 단련하는 것이다.

그러나 나의 방법은 실제로 목숨이 달린 전투에 관한 것이다. 생生과

사死의 차이부터 분명히 구분할 수 있어야 한다. 또한 검법의 도를 알아야 하고, 상대의 수준을 판별할 수 있어야 하며, 상대를 어떻게 베어 쓰러뜨릴 것인지 부단히 연구해야만 한다. 나의 가르침에 이 밖의 자질구레한 문제들은 있을 수 없다. 손놀림과 같은 피상적인 기술들은 사실 아무것도 아니다. 실제로 무기를 들고 싸우는 전장에서는 더더욱 그렇다는 것을 곧 깨닫게 될 것이다.

나의 병법에서는 목숨을 걸고 겨루는 전투에서 한 명, 혹은 다섯 명이나 열 명의 적을 상대로 할 때의 기본적인 병법의 도를 가르칠 것이다. 열 명이 됐건 만 명이 됐건 적에게 승리를 거두는 방법의 원리에는 아무런 차이가 없다. 이 점을 잘 이해해야 한다.

현실적으로는 천 명 혹은 만 명씩 되는 사람들을 동시에 연습시킬 수는 없다. 따라서 혼자 연습을 하면서도 상대가 쓸 수 있는 전술을 간파해 상대의 강점과 약점을 파악하고, 이를 통해 올바른 병법의 원리를 사용함으로써 상대를 물리치는 실력을 익히는 게 중요하다. 이렇게 할 수 있다면 병법의 진정한 달인으로 불리게 될 것이다.

병법의 도를 추구하는 동안에는 성실과 결의로 끊임없이 단련해야만 한다. 이렇게 진지하게 병법을 수련하다 보면 이 세상에서 병법의 가장 높은 경지에 오를 수 있는 사람은 자신밖에 없다는 믿음을 갖게 될 것이다. 자신이 아니면 누구도 병법의 진수를 깨닫지 못할 것이라는 생각에

더욱 정진하게 될 것이다.

궁극적으로 병법의 도를 깨우쳐 강인함과 실력을 체득하게 되면 보통 사람들의 한계에서 벗어나 자유로워지고 초자연적인 신비스러운 힘을 갖게 된다. 이것이 바로 무사로서 병법의 도를 수행하는 이유이다.

×

이기는 전략과 전술

"불의 장"은 제 2장 "물의 장"에서 소개했던 병법의 이론과 기술을 응용한 부분이다. 무사시는 물의 장에서 소개했던 것들을 실제로 응용할 수 있도록 여러 가지 전투 상황과 다양한 전쟁 국면을 묘사하고 있다. 그중에서도 가장 중요한 부분은 무사시가 자신의 이론과 기술을 일대일의 결투에서 대규모 전투에 이르기까지 모두 적용하려는 시도를 하고 있다는 점이다. 만약 혼자서 열 명의 적을 물리칠 수 있다면 이와 똑같은 병법만이 만명을 상대로 싸우는 천 명의 군대에도 적용될 수 있다고 말한다.

무사시의 이 같은 이론을 너무 단순하게만 보고 폄하하기 이전에 찬찬히 살펴보자 열 명의 적을 천 배로 늘리면 만 명의 적이 된다. 그러나 병사각각의 능력은 과연 어떨까? 무사시처럼 무예 실력이 출중한 무사 천 명을 구해다 병사로 쓸 수 있을까? 물론 불가능하다. 그렇다면 무사시가 천 명의 군사로 만 명을 물리칠 수 있다고 말한 근거는 어디 있을까?

무사시는 무사 한 명의 위치를 개인에서 무사 천 명을 지휘해 만 명을 물리칠 수 있는 장수의 위치로 바꾼 것이다. 이 같은 설명은 무사시의 평생에 걸친 꿈이 전쟁터에서 대규모 병력을 지휘하는 높은 계급의 장수가 되는 것이었다는 추측을 가능케 한다. 무사시가 얻고자 했던 자리는 전쟁터에서 군사를 지휘할 수 있는 장수 급의 무사였다. 그러나 아쉽게도 무사시는 그의 인생 대부분의 시간을 낭인으로 지냈던 것으로 전해진다.

"물의 장"에서는 무사시의 병법이 단순히 이론적인 연구에 기초한 것이 아니라 자신의 경험에서 우러나온 것이라는 점을 분명히 읽을 수 있다. 무사시는 언제든 생사를 건 결투에 나설 수 있도록 대비하고 있어야 한다고 가르친다. 한순간에 목숨을 잃을 수 있는 위험을 무릅쓰고 전력을 다해 결투에 임해야 진정한 검법을 배울 수 있다는 것이다. 병법을 배우는 유일한 목적은 적을 물리치는 것이다. 무사시는 이와 함께 다른 사람들 앞에서 쓸데없는 화려한 기술을 과시하려 해서는 안 된다고도 경고한다.

위치 선점하기

　전투에서 적과 상대할 때는 반드시 위치 선정에 유의해야 한다. 예를 들어 해를 등질 수 있는 자리를 잡을 수 있는 것이 중요하다. 이것이 여의치 않으면 해가 자신의 오른편에 오도록 자리를 잡아야 한다.

　실내에서도 마찬가지로 등燈과 같은 불빛이 자신의 등 뒤나 오른편에 오도록 해야 한다. 자기 뒤편에는 결코 어떤 장애물도 두어서는 안 된다. 왼편으로는 자유롭게 움직일 수 있는 여유 있는 공간을 두고, 오른편으로는 이보다 다소 제한된 공간을 두도록 하는 게 중요하다. 밤에도 적을 바라볼 수 있는 상황이라면 불빛을 뒤로하거나 오른편에 두고 자세를 취해야 한다.

　적을 내려다보는 것도 중요한 기술이다. 항상 상대보다 높은 자리를 차지하도록 하라. 실내에서 결투를 벌일 때도 높은 사람이 앉는 상좌上座를 차지해야 한다. 전투가 시작되면 적을 자신의 왼편으로 몰아붙인다는 생각을 갖고 적의 뒤편에 장애물이 생기도록 해야 한다. 어떻게든 적을 궁지로 몰아넣는 게 중요하다. 상대에게서 절대 주위를 돌아보거나 상황을 판단할 수 있는 기회를 주지 말아야 한다. 한마디로 적을 압박해 밀어 붙이면서 숨 쉴 틈조차 주지 않도록 하는 것이다. 실내에서의 전투도 이와 똑같이 해야 한다. 적을 문지방이나 문틀, 혹은 방문, 툇마루, 기둥 같은 쪽으로 몰아붙이되 상대가 주위를 돌아보거나 자신이 어디 있는지조차 알 수 없도록 하는 것이다.

어떤 상황에서건 쉽게 움직이기 힘든 곳이나 적의 옆에 장애물이 있는 곳으로 상대를 몰아붙여야 한다. 전투를 할 때는 이처럼 장소를 살펴 자신에게 유리한 자리를 차지해야 한다. 이점을 반드시 이해하고 진지하게 훈련하기 바란다.

위치 선점하기

무사시가 생각하는 적이라는 개념에는 결투를 벌여야 하는 장소와 조건까지 포함되어 있다는 점에 주목할 필요가 있다. 이런 생각은 상대의 무예 실력이 자신과 대등할 때 상대보다 우위에 서기 위해서 주변의 조건들을 활용해야 한다는 데서 출발한다. 이 모든 조건들 중에서도 가장 중요한 것은 적을 마주하고 있는 위치이다. 결투를 벌일 때는 반드시 상대를 장애물이 있는 곳으로 몰아붙여 적으로 하여금 불편함을 느끼도록 해야만 한다. 무사시의 이러한 가르침은 승패가 결정되는 모든 경쟁관계에 있어 시사 하는바가 크다.

절대적으로 불리한 상황이란 드물다. 상황을 면밀히 파악하다 보면 상대적으로 유리한 때와 위치라는 것이 있다. 이것을 경쟁자와 맞서는 데 최대한 이용할 수 있어야 한다. 상대적으로 열세에 있는 조직이 패기만 앞세워서 앞선 자와 경쟁을 하는 것은 현명한 전략이 아니다. 오히려 앞선자의 약점을 찾아내어 그곳에 화력을 집중시켜 전쟁의 교두보를 확보하는 것이 현명한 전술이라 할 수 있다.

기선 제압의 세 가지 방법

　상대를 제압하는 첫 번째 선수先手는 '괘掛의 선'이라 하여 주도적으로 먼저 상대방을 공격해서 기선을 잡는다. 이는 상대방이 움직이기 전에 선수를 치는 것으로 본격적으로 결투가 시작되지 않은 상황에서 기선을 잡는 방법이다.

　두 번째는 '대待의 선'이라 하여 상대방이 먼저 공격을 했다면 가능한 한 모든 조건을 이용해서 기선을 잡아야 하는데, 이는 방어 중에 기선을 잡는 방법이다.

　세 번째는 '체체體體의 선'이라 하여 자신과 상대가 서로 동시에 달려들 때 쓰는 것이다. 어떤 상황에서건 이 세 가지 이외의 선수는 없다.

　선수를 어떻게 잡느냐에 따라 승패가 결정되는 만큼 선수의 병법에서도 가장 중요한 개념이라 할 수 있다. 선수와 관련해서는 구체적으로 가르쳐야 할 것이 많지만 결국 핵심은 병법의 원리를 각 상황에 맞게 적용하고 전략을 미리 파악하여 승리를 쟁취하는 것이라 하겠다.

첫 번째로, 공격을 하는 "쾌의 선"은 다음과 같은 기술이 요구된다. 우선 가만히 자세를 취한 다음 재빨리 상대를 공격한다. 빠른 기술과 강인한 체력으로 공격하면서도 마음은 여유를 갖고 차분함을 유지해야 한다.

상대에 대한 공격은 자신의 몸과 마음에 있는 모든 힘을 모아 아주 빠른 동작과 함께 결정적이고도 강력한 한 번의 가격이 순식간에 이루어 져야 한다. 마음을 자유롭게 하고 완전히 이기는 그 순간까지 적을 제압하고 있어야 한다.

두 번째로 상대의 공격을 기다리는 "대의 선"이다. 자신이 약한 것처럼 보이게 해 적이 달려들 때까지 기다리는 것이다. 적이 가까이 다가오면 재빨리 뛰어 물러섰다가 금방이라도 돌진할 것 같은 몸짓을 한다. 이때 상대가 순간적으로 방심하는 기색을 보이면 단 한 번의 빠르고 강력한 승부를 결정짓는 가격으로 공격하는 것이다. "대의 선"의 또 다른 기술은 상대가 공격할 때 상대보다 훨씬 강한 힘으로 대응하는 것이다. 상대로 하여금 순간적으로 몸과 마음의 박자를 잃게 하고 이때 결정적인 타격을 가해 적을 쓰러뜨리는 것이다.

세 번째인 " 체체의 선"은 적의 재빠른 공격에 차분히 대응해야 한다.

적과의 거리가 아주 가까워지면 물러서는 듯한 몸짓을 한다. 이런 식으로 해서 상대의 전의戰意에 빈틈이 생기는 순간 단숨에 공격해 상대를 물리친다.

"체체의 선"의 또 다른 기술은 상대가 조용히 공격하는 자세를 유지하고 있을 때 갑작스럽게 자신의 에너지와 정신을 분출시켜 적을 물리치는 것이다. 이런 경우 상대와의 거리는 매우 가까워야 한다. 정신을 집중하고 힘을 한데 모아 강하게 쳐야 한다.

세 가지 선수와 관련된 문제를 명확하게 설명하기는 쉽지 않지만 이 책을 통해 기본적인 사항들을 파악하고 훈련을 통해 나머지를 완전히 터득할 수 있도록 해야 한다. 세 가지 선수는 그때그때의 상황에 따라 사용한다. 무조건 먼저 공격할 필요는 없지만 실제 전투가 벌어지면 자신의 선수를 잡고 상대를 방어하는 입장에 빠뜨리고 싶어진다. 그러나 병법의 원리에서는 이 세 가지 선수를 쓰는 전략 모두 승리를 쟁취할 수 있다. 이 점을 명심해야 할 것이다.

선수先手

비록 무사시가 선수에 대한 가르침을 처음으로 창안한 것은 아니지만 매우 중요하다. 무사시의 병법은 심리적인 전술에 기초한다. 적이 검을 다루는 실력이 자신과 비슷하면 결국 승부는 심리적인데서 난다.

《오류서》전체를 통해 무사시는 정신적인 힘의 중요성을 다양한 방식으로 강조하고 있다. 현대 검도에서도 선수는 매우 중요한 의미를 지닌다.

시합이 시작되고 우선 선제先制의 한판을 취하려고 한다면, 강력한 공격형의 특기를 가지고 있어야 한다. 그렇지 않으면 싸움의 주도권을 쥘 수 없기 때문이다. 특기에도 먼저 공격하는 기술과 대응하는 기술의 두 부류가 있다. 욕심 같아서는 두 가지 부류의 기술을 모두 몸에 익혀두고 싶지만 선제점을 노리는 데는 먼저 공격형 기술이 필요하다.

"앞서면 제압하고 늦으면 제압된다"라는 평범하면서도 시대를 초월한 승리의 원칙이 중국의 《사기史記》의 《항우본기項羽本紀》에도 나온다. 선제 공격의 선수의 중요성을 말하고 있다.

선제 공격형의 특기를 과감하게 발휘하여 그 효과를 거두고 이어지는 시합의 운용을 유리하게 이끄는 것은 검도 승부의 철칙이다. 그러나 이 철칙은 상대도 잘 알고 있는 것이다. 그렇다면 어떻게 기선을 제압할 수 있는가? 일본 검도의 《천진류전서天眞流傳書》에 다음과 같은 가르침이 나온다.

"동쪽이 밝아진 것을 보고 밤이 샌다는 것을 아는 것이 아니라 서리가 오는 것을 보고 밤이 새는 것이 가깝다는 것을 아는 것이 제대로 아는 것이다."

이러한 가르침을 다음과 같이 노래에 부친 것도 있다.

　추운 밤의 서리를 들을 만한 마음이야 말로

　적을 만나 승리를 얻을 수 있네

　까치를 건네주는 다리에 맺힌 서리가

　하얀 것을 보면 밤이 한창이네

추운 밤의 서리를 듣는다고 하는 것은 아직 색色의 형태로 나타나지 않은 사이에 적의 마음을 살핀다는 뜻이다.

"동쪽이 밝아진 것을 보고 비로소 새벽이 가깝다는 것을 알아서는 이미 늦다. 다리위에 맺힌 하얀 서리를 보고 밤이 깊고 새벽이 가깝다는 것을 느끼는 예민한 마음의 작용, 즉 감感이 필요하다. 그 일이 일어나지 않은 상태를 미발未發이라 하고 이미 일어난 것을 이발已發이라고 한다. 승부는 그 가운데 있다."

《리학초理學抄》에서 말하는 가르침이다. 미발未發과 이발已發 사이에 승부가 있다. 참으로 멋진 표현이다.

베개 누르기

　'베개를 짓누른다'는 것은 상대로 하여금 머리를 들지 못하게 하는 것을 말한다. 승부를 겨루는 병법의 세계에서 상대에게 싸움의 주도권을 내줘서 끌려 다니는 형국이 되어서는 안 된다. 어떻게 해서든 기선을 제압하고 적을 내 마음대로 끌고 다녀야 한다. 전투를 벌이게 되면 적도 마찬가지로 주도권을 잡으려 할 것이다. 주도권을 잡기 위해서는 상대의 의도와 전술을 간파하는 것이 필수적이다.

　나의 병법에는 상대가 공격해 오기 직전에 상대의 공세를 멈추게 하는 기술이 있다. 예를 들어 상대가 공세를 취하려고 하면 상대의 무기를 짓누르고, 상대가 달려들려고 하면 비틀어 버리는 식이다. 이런 기술이 모두 베개를 짓누르는 것이다.

배개를 짓누르는 기술을 더 잘 이해하기 위해서는 상대가 어떤 동작을 취하기 전에 미리 상대의 의도를 간파하는 것이 중요하다는 점을 알아야 한다. 상대가 치는 동작을 실행하려는 찰나에 상대를 제압하는 것이다. 상대가 갑자기 달려들려고 하면, 달려들려는 순간 상대의 움직임을 멈추게 해야 한다. 또 적이 공중으로 뛰어 오르려고 하면 뛰려는 첫 번째 동작에 제압하고, 검으로 찌르려고 하면 찌르는 동작을 취하려는 순간 짓눌러 버려 못하도록 해야 한다.

상대가 그리 위협적이지 않은 기술을 쓰려고 할 때는 그냥 놔두지만, 위협적인 것이라면 절대 그 기술을 실행할 수 없게 해야 한다. 상대의 의도가 실행되기 이전에 적을 제압한다는 사고는 병법에서 매우 핵심적이다.

그러나 상대의 움직임을 파악하는 데만 사로잡혀 전투에서 소극적인 태도를 보이는 것은 옳지 않다. 고된 훈련을 통해서만 병법의 진정한 달인이 될 수 있지만, 일단 달인이 되고 나면 스스로 병법의 원리에 따라 자유롭게 실행할 수 있을 것이다. 굳이 의식적으로 애쓰지 않아도 상대가 쓸모없는 기술을 사용하려고 하면 그냥 내버려 두지만 필요할 경우에는 언제든《베개 누르기》기술을 써서 상대를 제압할 수 있게 될 것이다.

배게 누르기 — 주도권

　무사시의 병법은 심리적인 기술에 기초한다. 적이 검을 다루는 실력과 자신이 비슷하다면 결국 승부는 심리적인 곳에서 난다. 배게 누르기는 전투가 시작되면 처음부터 끝까지 주도권을 잡아야 한다는 것이다. 보다 엄밀한 의미에서는 적을 처음부터 압도해 버림으로써 아예 적이 기술을 실행할 기회조차 못 잡게 해야 한다는 말이다 상대가 뛰려고 하면 스스로 뛰어서는 안 되겠다는 생각을 갖도록 한다. 상대가 공격하려는 의도를 가지면 그런 공격 자세도 못 갖추게 해야 한다.

　《오륜서》를 통해 무사시는 정신적인 힘의 중요성을 다양한 방식으로 반복해서 강조하고 있다. 신체적으로는 누구나 팔 두 개에 발 두 개로 대동소이하다. 그러나 정신은 무수히 많은 방향으로 영역을 넓혀 적을 제압하는 방법을 찾아낼 수 있다. 물론 무사시는 신체적 단련의 중요성에 대해서도 일관되게 강조하고 있다. 그가 생각하는 이상적인 모습은 뛰어난 기술로 무장한 신체와 깨달음의 경지에 이른 정신의 조화를 이루는 것이다. 이때 비로소 누구에게도 지지 않을 수 있다고 보았다.

불리한 조건 극복하기

바다를 건너다 보면 어떤 때는 급류를 만나기도 하고 어떤 때는 40, 50리가 되는 긴 항해를 해야만 한다. 어떤 적이든 매우 힘들고 평상시와는 다른 노력과 힘이 필요하다. 인생을 살아가다 보면 새로운 도전정신을 필요로 하는 상황에 자주 부딪히게 된다. 바다를 건너는 경우라면 항로를 잘 알아야만 한다. 날씨도 볼 줄 알아야만 한다. 배 뒤에서 불어오는 순풍을 만나면 혼자서도 항해할 수 있을 것이다. 날씨가 급변해 풍향이 맞바람으로 바뀌게 되면 지금까지의 느긋했던 마음을 접고 노를 저어서라도 항구까지 2, 3리 정도는 나아겠다는 각오로 전력을 다해야 한다.

인생에서 부딪히는 고난도 이와 같은 결심으로 헤쳐 나가야 한다.

병법에서도 불리한 조건에 맞서게 되는 경우가 있다. 전투를 벌일 때 어려움과 도전을 요구하는 상황에 부딪히면 숙련된 항해사가 역풍을 이겨내며 무사히 극복하고 바다를 건너듯, 병법의 원리를 따라 잘 대처해야 한다. 이를 위해서는 항해사가 항해와 관련된 모든 사항을 꿰뚫고 있듯이 자신의 강점과 약점뿐만 아니라 상대의 실력과 근본까지도 알아야만 한다.

일단 불리한 조건들을 극복하고 나면 조금은 여유를 가질 수 있게 된다. 상대는 스스로 한 수 떨어진다는 느낌을 갖게 될 것이고, 이쪽에서는 기선을 제압한 셈이 되는 것이다. 이런 경우 승리는 이미 이쪽으로 넘어온 것이나 마찬가지이다. 일대일의 결투에서건 대규모 전투에서건 자신에게 불리한 조건을 이겨낸다는 생각은 매우 중요하다.

적의 상태 확인하기

대규모 병력 간의 전투에서는 우선 적군의 사기가 충전한 상태인지 떨어진 상태인지를 확인하는 게 절대적으로 중요하다. 또 적군의 규모도 알아야 하고, 적군의 움직임을 면밀하게 살펴야만 한다. 적군이 어떤 전술을 쓰든 병법의 원리에 따라 제대로 대처할 수 있어야 한다. 적군의 전술을 미리 읽어내고 적군의 작전에 효과적으로 대응하는 것이 중요하다.

일대일 결투에서 상대의 실력을 판단하기 위해서는 적이 어떻게 움직이고 어떤 기술을 쓰는가를 면밀히 관찰하는 게 중요하다. 상대가 전혀 예상하지 못했던 기술을 써서 적의 강점과 약점을 확인하는 것도 필요하다. 또 효과적인 기술로 기선을 제압하기 위해서는 결투의 박자를 포착하는 것뿐만 아니라 상대의 사기가 높은 지 낮은지도 알아야 한다. 판단할 수 있는 능력을 갖게 되면, 적의 마음 상태를 파악하거나 싸움의 진행 방향을 예상하기란 어렵지 않다. 일단 병법을 자유롭게 구사할 수 있는 경지에 오르게 되면 상대의 마음을 꿰뚫어 볼 수 있고 적을 물리칠 수 있는 전술도 찾아낼 수 있게 되는 것이다.

명찰적정 明察敵情

《오륜서》와 더불어 '무예 2서'라 불리는 《병법가전서 兵法家傳書》에는 상대방을 아는 방법에 대해 다음과 같이 서술하고 있다.

> "비록 백 가지 초식과 검이 있다 하더라도 영원히 승리를 얻는 열쇠는
> 오직 한 가지 바로 명찰적정(明察敵情:적의 동태를 명확하게 파악하
> 는 것)이다."

이는 상대방의 의도를 파악한다는 뜻과 같다. 중국의 고대 병서 《손자병법》에는 이런 말이 있다.

> "적을 알고 나를 알면 백 번 싸워도 위태롭지 않다(知彼知己 百戰不
> 殆). 적을 모르고 나만 안다면 이기고 질 확률은 절반이 되며 적도 모

르고 나 자신도 모르면 싸울 때마다 반드시 위험에 빠지게 된다(不知 彼知己, 一勝一敗. 不知彼不知己, 每戰必殆)"

전투에서 승리하려면 상대방을 아는 것이 얼마나 중요한지를 여실히 보여주는 명언이다.

상대의 검을 뺂는 기술

상대의 검을 뺂는 기술은 병법에서 자주 쓰인다. 대규모 전투가 벌어지면 상대는 대개 총과 활을 먼저 쏘아댄 다음 다른 전술을 구사한다. 상대가 총과 활을 쏘아대는 동안 그저 응사하기만 하다가 상대의 공격이 끝난 뒤에야 비로소 공격할 준비를 갖추려고 하면 너무 늦는다. 상대가 총과 활을 쏘아대는 동안 공격할 준비를 갖춰야 상대에게 더 이상 총이나 활을 쏘는 시간이 주어지지 않는다. 한마디로 상대를 제압하고 전투에서 승리하기 위해서는 반드시 상대의 공격을 짓뭉개 버려야 한다.

일대일의 결투에서도 상대의 검을 밟아 뭉개버림으로써 상대의 공격을 무력화시킬 수 있다. 상대가 공격을 해오자마자 곧장 적을 침으로써 상대가 뒤이은 공격을 할 수 없도록 해야 한다. 적의 공격을 짓밟아 버리는 것이다. 잘 연구하고 연습해 보기 바란다.

'밟는다'는 것은 검으로 뿐만 아니라 몸과 마음으로도 적을 압도함으로써 적이 다음에 공격을 할 수 없도록 하는 것을 의미한다. 즉, "밟는다"란 적에게 두 번째의 공격의 기회를 주지 않는 것이 핵심이다.

앞서 설명한 기선을 제압한다는 개념에는 밟는 기술도 포함되어 있다. 적과 동시에 검을 맞부딪치는 것과 밟는 기술을 혼동해서는 안 된다. 마치 상대에게 달라붙듯이 적의 동작 하나하나에 호응해야만 한다. 이 점을 잘 연구하라.

무너져 버리는 것을 알기

무너져 버리는 일은 어느 곳에서나 무슨 일에서거나 일어난다. 그것이 집이 됐건 아니면 적이 됐건 박자의 조화를 잃게 되면 무너져 버리고 만다. 대규모 전투에서 적군의 박자에 균열이 생기고 이로 인해 균형과 안정을 잃게 됐을 때를 노려 적군을 섬멸하는 게 중요하다. 적군이 균형을 잃었을 때 궤멸시켜 버리지 않는다면 다시 전열을 정비해 반격해 올 수 있다.

일대일의 결투에서도 상대가 박자를 잃고 무너져 내리는 순간의 기회를 놓치게 되면 적은 다시 균형을 찾고 원기를 회복할 것이다. 그러면 쓰러뜨리기가 어려워진다. 따라서 상대가 무너지기 시작했다는 첫 번째 신호를 포착해 적을 물리친다. 상대가 다시 원기를 회복할 수 없도록 하는 것이 중요하다.

균형을 잃은 적을 쫓을 때에도 강력한 힘으로 정면에서 몰아붙이는 게 훨씬 효과적이다. 적이 다시 정신을 차려 전열을 정비할 수 없도록 완전히 섬멸해 버려야 한다. 다시는 일어설 수 없도록 적의 목숨을 완전히 끊어 놓아야 후에 문제가 생기지 않는다. 이 전술은 매우 중요하며 반드시 잘 연구해야 한다. 적을 무력화시키지 못했다면 최후의 공격은 결코 완벽한 것이었다고 할 수 없다.

적이 되어보기

'적이 되어 본다'는 것은 적의 입장에 서서 생각해 본다는 의미이다. 사람들은 대개 집안에 든 도둑과 마주치게 되면 마치 무서운 적을 만난 것처럼 생각한다. 그러나 도둑의 입장에서는 세상 전부가 자신에게 맞서고 있다고 생각할 텐데 어떤 느낌이 들겠는가? 도둑의 마음은 잡히는데 대한 불안과 공포로 가득 차 있을 것이다. 결국 도둑은 집 주위에서 자신을 둘러싸고 있는 사람들을 매로 보고 자신은 꿩으로 느끼면서, 매가 꿩을 낚아채 가기 위해 엿보고 있다고 생각할 것이다.

대규모 전투에서도 적군을 실제보다 과대평가하는 경향이 있다. 이렇게 되면 전술을 구사하면서도 자꾸 주저하고 염려하게 된다. 아군이 잘 훈련되어 있고, 무기를 잘 다룰 뿐만 아니라 적군에게 이길 수 있는 방법을 갖고 있다면 결코 적을 두려워해서는 안 된다.

일대일의 결투에서도 마찬가지로 적의 입장에서 생각해 봐야 한다. 만약 상대가 검법을 충분히 이해하고 있고 실력도 갖춘 병법의 달인이라면, 누구라도 상대하기를 두려워하고 싸움이 시작되기 전에 이미 전의를 상실하게 될 것이다. 이 점을 잘 음미하길 바란다.

역지사지

정통한 병법가라 할지라도 대규모 전투에서는 반드시 적군의 정황을 근거로 전략을 짜야 한다. 만약 쌍방이 치열한 접전을 벌이며 전투가 교착 상태에 빠져 단시간에 승부가 나지 않을 상황이라면 과감하게 생각의 전환을 해야 한다. 이는 일대일의 결투에서도 마찬가지이다.

무사시는 "많은 사람이 전투를 벌일 때는 상대편 부대의 분위기와 그 장소의 상황, 적이 처한 상황을 잘 관찰하고 파악하라"라고 주문한다. 한참 기세가 등등한 적과는 정면대결을 할 필요가 없다. 그런 경우에는 후일을 기약하는 것이 좋다. 전쟁이든 비즈니스든 죽은 적과 다투는 것이 아니라 살아 숨 쉬는 적과 맞선다는 점을 항상 기억해야 한다.

팽팽한 형국에서 벗어나기

적과 자신이 서로의 의도를 간파한 뒤 계속 똑같은 자세로 싸움을 질질 끌면 쉽게 승부를 낼 수 없다. 이런 경우 승리를 쟁취하기 위해서는 그때까지 썼던 전술을 완전히 바꾸는 게 중요하다.

대규모로 벌어지는 전투가 진척 없이 지지부진해지면 인력과 장비의 손실이 커지고 괜한 사고마저 날 수도 있다. 이런 상황에서는 종전의 전술을 과감히 버리고, 새로운 전술로 적군을 다루는 게 절대적으로 필요하다. 일대일의 전투에서도 마찬가지이다.

적과의 싸움이 쉽게 끝날 것 같은 조짐이 보이지 않을 경우에는 즉각 전술을 바꿔 전혀 예기치 못했던 새로운 기술로 적을 제압해야 한다. 적과 대치하고 있을 때에는 상대의 체력 상태뿐만 아니라 심리 상태에도 주의를 기울여 예상하지 못한 기술로 물리칠 수 있어야 한다. 이 점을 명심하기 바란다.

적의 의중을 알아내는 기술

상대의 의중을 파악하기 힘들 때 《그림자 움직이기》라고 불리는 기술을 사용할 수 있다. 대규모 전투에서 적군의 전술을 알아 낼 수 없다면, 아군이 강공을 취할 것처럼 꾸며 적으로 하여금 계획을 드러내도록 하는 것도 효과적이다. 일단 적군의 의중을 파악하게 되면 적을 제압하는 기술을 쓸 수도 있고, 적절한 전술로 승리할 수 있게 된다.

일대일의 결투에서도 상대가 자신의 검을 옆구리나 등 위에 잡고서 전혀 의중을 드러내지 않을 때는 이쪽에서 갑자기 치려는 시늉을 하면서 적의 의도를 파악해야 한다. 결투에서 상대가 무엇을 노리는지 알아냈다면 훨씬 효과적으로 물리칠 수 있다. 상대의 동작을 세심하게 관찰하지 않고 방심한다면 승부를 낼 수 있는 좋은 기회를 놓칠 수도 있다.

그림자 짓누르기

　적이 어떻게 공격해 올 것이지 확실히 알게 되면《그림자 짓누르기》라는 기술을 사용할 수 있다. 야전에서 전투를 벌일 때 적군이 공격을 시도하면 강력한 전술로 대응한다.

　반격이 너무 강하다고 생각되면 상대는 전술을 바꿀 수밖에 없다. 바로 이 순간 아군도 조용히 전술을 바꿔 기선을 제압하는 기술을 구사해 승리하는 것이다.

　일대일의 결투에서도 상대가 공격해 오면 더 강력하게 반격하여 적의 사기를 꺾어 버려야 한다. 이쪽에서 강한 기술을 효과적으로 구사함으로써 적이 더 이상 공격적인 자세를 취하지 못하게 되면 자신에게 유리한 박자로 기선을 제압해 적을 쓰러뜨릴 수 있다.

옮아가게 하기

'옮아간다'는 표현은 많은 곳에서 발견할 수 있다. 하품을 한다던지 졸음이 온다던지 하는 것이 그 예이다. 시간 역시 옮아갈 수 있다. 대규모 전투에서 적군이 쉬지 않고 공세를 취하면서 승부를 빨리 내려고 서두르면 그냥 내버려 두어라. 오히려 아군 쪽에서 전혀 전투를 서두르지 않는다는 인상을 주면서 차분하게 기다리는 듯한 모습을 보여주어야 한다. 그러면 적군은 아군의 이런 무관심한 모습에 영향을 받아 경계를 풀게 된다. 아군의 느슨함이 옮아간 바로 그 순간에 기습적으로 공격을 감행함으로써 적을 궤멸시키는 것이다.

일대일의 결투에서도 자신을 느긋하게, 또 무관심하게 보이도록 꾸며 상대도 똑같이 풀어지도록 유도한다. 이쪽의 느슨함이 상대에게 옮아갔다고 판단되면 그 즉시 결정적인 공격을 가해 쓰러뜨리는 것이다. 옮아간다는 것과 비슷한 개념으로 '취하게 만든다'는 것이 있다. 적을 따분하고, 조심성 없게, 또 나약한 기분이 들게 만드는 것이다.

옮아가기

《옮아가기》는 적으로 하여금 이쪽의 박자에 따르게 만든 뒤 갑자기 기습공격을 가해 승리하는 것이다. 또 다른 전술인《취하게 만들기》는 분위기를 느슨하고 풀어진 것처럼 꾸민다. 적이 이런 분위기에 취하게 되면 갑작스러운 기습으로 물리친다.

무사시는 주위환경의 변화에 스스로 적응할 수 있느냐가 얼마나 중요한지를 가르쳐 주고 있다. 조수의 변화에 따라 바닷물이 밀려오고 밀려가듯이 유연해져야 한다. 그렇다고 해서 자신의 도덕적인 원칙마저 버리라는 말은 아니다. 정신적으로는 중심을 유지하면서 시간과 장소에 따라 다양하게 처신할 수 있어야 한다.

무사시의 병법에서 가장 효과적인 기술 중의 하나가 적의 주위를 딴 데로 돌린 뒤 기습 공격을 하라고 가르치는 것이다. 그 예로 상대로 하여금 "산이 올 것이라고 믿게 만들고 실제는 바다처럼 행동하라"는 것이다. 무사시의 비유는 이처럼 직설적이고 간결하고 명쾌하다.

적을 화나게 하기

상대를 화나게 하고, 심기를 불편하게 만드는 것은 어떤 일에서도 가능하다. 우선, 위험하다는 생각이 들면 누구나 신경이 쓰이고 흥분을 느낀다. 두 번째, 아무런 희망도 보이지 않고 매우 어려운 상황에 부딪히면 조바심이 나고 화가 치민다. 세 번째는 전혀 예기치 못한 상황이 벌어지는 것이다. 상대를 화나게 만드는 이 세 가지를 잘 연구해야 한다.

야전에서 적을 불안하게 만드는 것은 중요하다. 적군이 전혀 예상치 못했던 강력하면서도 기습적인 공격을 가하는 것은 절대적이라고 할 수 있다. 적군이 공세에 어떻게 대응하고 무엇을 할 지 결정하기도 전에 기선을 제압하고 물리쳐야 한다.

일대일의 전투에서도 처음에는 일부러 천천히 움직이면서, 무심한 듯이 보이도록 한다. 그 다음 갑자기 상대를 강하게 공격해 적을 화나게 만들면 주도권은 이쪽으로 넘어오고 승리할 수 있다는 것이다. 잘 명심하고 연구하라.

교란攪亂 하기

무사시의 행적에 관한 글들을 보면 무사시는 결투하기로 한 장소에 늦게 나오는 경우가 자주 있었다. 이는 상대를 당혹스럽게 만들기 위함이었다. 그러나 요시오카 가문과 대결했을 때는 뜻밖에도 결투 장소에 일찌감치 나와 상대를 기다리고 있었다. 게임이나 스포츠의 경우에도 전술을 바꿔 상대를 당황하게 만드는 경우를 종종 볼 수 있다. 특히 상대의 실력이 이쪽과 비슷할 때는 이 같은 전술 변화로 효과를 볼 수 있다.

적을 놀라게 하기

사람들은 뭔가 다른 것을 보면 대개 놀라곤 한다. 예상하지 못했던 일이 일어나면 깜짝 놀라는 것도 한 예이다. 야전에서도 적군을 여러 가지 방법으로 놀라게 할 수 있다. 이 방법 가운데는 눈에 보이지 않는 것들도 있다. 이상한 소리를 내거나, 작은 것을 크게 보이게 하거나, 예기치 못했던 방향에서 위협함으로써 적군을 공포에 떨게 만들 수 있다.

적군이 놀라고 공포에 떨게 되면 아군은 유리한 위치에서 병법의 원리를 써서 승리할 수 있다. 일대일의 결투에서도 생각지 못했던 색다른 자세나 동작을 취하거나 혹은 검을 특이하게 사용하거나 이상한 소리를 지름으로써 적을 깜짝놀라게 만들고, 겁을 먹게 할 수 있다. 그 순간 기습적인 공격을 가해 승리를 결정짓는 것이다.

적을 꼼짝 못하게 하기

상대와 근접해 싸우는 상황에서 도저히 승부가 나지 않을 것 같으면 자신의 몸으로 적을 얽어맨다. 꼼짝 못하게 하듯이 상대에게 밀착해 있는 동안 적을 물리칠 수 있는 효과적인 방법을 찾을 수 있다.

대규모 전투이건 일대일의 결투이건 서로 멀리 떨어진 채 상대의 동작을 계속 주시하는 상황에서는 쉽게 승부를 내기가 어렵다. 적을 꼼짝 못하게 얽고 있는 중에 승리할 수 있는 길을 찾아야만 한다. 잘 연구해서 열심히 훈련하기 바란다.

적의 강한 곳을 치기

　강한 적을 정면으로 상대하기는 쉽지 않다. 야전에서 적군을 궤멸시키기 위해서는 적군의 가장 특출한 부분을 공격해야만 한다. 이 부분이 약해지면 적군 전체가 허물어지는 것은 시간문제다. 특출하게 눈에 띄는 적의 부대를 집중 공격한다.

　일대일의 결투에서도 상대의 강한 곳을 공격함으로써 물리칠 수 있다. 어떤 상대라도 자신의 가장 중요한 부분이 약해지면 몸 전체가 약해진다. 상대가 몸 일부분에 입은 타격으로 서서히 힘을 잃으면 이기는 것은 이제 어렵지 않다. 이 점을 잘 연구하여 어떤 식으로든 이길 수 있는 방법을 찾기 바란다.

적을 혼동시키기

상대에게 확고한 마음을 심어주는 것은 금물이다. 야전에서는 적군의 계획을 미리 파악하고 방법을 써야 하는데 이 때 적군으로 하여금 아군이 어느 쪽에서 공격할지, 어느 전술로 공격할지, 심지어는 빨리 공격할지, 느리게 공격할지조차 모르게 혼란을 일으키는 것이 중요하다. 일단 적군이 아군의 움직임에 대해 혼동하게 되면 이 기회를 놓치지 말고 적군을 물리쳐야 한다. 이 전술은 반드시 숙지해야 한다.

일대일의 전투에서도 한 번은 검을 휘둘렀다가, 다음에는 찌르는 식으로 여러 가지 기술을 구사하는 동작을 취하면서 상대를 혼란에 빠뜨려야 한다. 상대의 마음이 혼동 상태에 빠지게 되면 쉽게 이길 수 있다.

역사를 바꾼 교란작전

세계의 역사를 바꾼 위대한 전투는 그리 많지 않다. 대표적으로 것이 스키피오 아프리카누스가 무적의 한니발을 격파해 로마를 구했던 '자마 전투BC 202', 나폴레옹의 유럽 정복 야욕을 꺾은 '워털루 전투1815', 도쿠가와 이에야스德川家康가 일본을 통일하는 계기가 된 '세키가하라關ヶ原 전투1600', 그리고 히틀러를 패망시킨 '노르망디 상륙작전1944' 등이 잘 알려져 있다.

이들 못지않게 세세사적 의미가 있지만 잘 알려지지 않은 전투가 있다. 1954년 2월부터 5월까지 베트남 오지에서 벌어졌던 '디엔비엔푸 전투'다. 이 전투는 1954년 3월부터 베트남·라오스 국경 지역인 디엔비엔푸에서 월맹군 6만여 명과 프랑스군 1만 6000여 명이 벌였던 싸움이다. 당시 월맹군은 3개월에 걸친 치밀한 준비로 55일간의 공격 끝에 프랑스군을 섬멸했다. 월맹군은 전투가 개시되자 밀림 속에 숨겨놨던 비장의 105mm 곡사포를 발사해 프랑스군을 혼비백산하게 만들었다.

이 전투는 세계 전사戰史에서 중대한 의미를 갖고 있다. 전사학자 마틴 윈드로Martin Windrow는 "식민지 피지배 세력이 게릴라전에서 시작, 정규군으로 무장해 유럽제국주의 군대와 싸움에서 처음으로 승리한 전투"라고 의미를 부여했다.

보응우옌잡 장군이 디엔비엔푸 전투에서 사용했던 전략과 전술은 다차원적이면서도 치밀했다. 그중에서도 프랑스군을 철저하게 속였던 위장전술이 돋보였다. 그는 수개월 전부터 먼 거리의 목표물을 명중시킬 수 있는 105mm 곡사포를 확보해두고 디엔비엔푸 전투를 개시하기 전까지 절대로 이를 사용하지 못하도록 했다. 자연스레 프랑스군은 월맹군에게는 짧은 사거리의 미약한 대포밖에 없다고 오판하게 되는 결과를 낳았다. 또한 나무에 색을 칠한 가짜 대포들을 제작한 뒤 프랑스 진지 주변 밀림에 배치해두고 자주 옮겼다. 진짜와 가짜 대포들의 위치를 시시각각 바꾸기도 하면서 전투가 벌어질 때까지도 월맹군이 정확히 몇 문의 포를 보유했는지 프랑스로서는 알 길이 없었다. 고도의 기만전술이었다.

세 가지 소리 지르기

전투를 벌이면서 지르는 소리에는 세 가지가 있다. 전투를 시작할 때의 소리 지르기, 전투 중간의 소리 지르기, 전투가 끝난 뒤의 소리 지르기가 바로 그것이다. 각각의 전투 상황에 따라 적절한 소리를 지르는 게 중요하다. 전투를 하면서 소리를 지르게 되면 힘과 기운이 치솟는 느낌을 준다. 불이 날 때나 태풍, 해일이 몰려올 때 지르는 소리와도 같다. 전투 시 내는 소리는 소리 지르는 사람의 사기를 나타낸다.

대규모 전투에서는 초기단계에서 큰 소리를 내는 게 효과적이다. 그리고 전투가 한창 진행 중일 때에는 낮으면서도 강한 소리를 지르는 것이 좋다. 마지막 소리는 승리가 결정되었을 때 지르는 것으로 크고 강해야 한다.

일대일의 결투에서도 싸움을 시작하기에 앞서 "에이"라는 기합소리로 적을 움찔하게 만든 다음 검을 휘둘러야 한다. 상대를 물리친 다음에도 힘찬 기합으로 자신의 승리를 알려야 한다. 앞의 것을 "선先의 소리", 뒤의 것을 "후後의 소리"라고 한다. 검을 휘두르면서 큰 소리를 지를 필요가 없다. 결투를 하면서 내는 기합은 낮은 저음이어야 하며, 자신의 박자와 적의 동작을 함께 탈 수 있는 것이어야 한다. 잘 음미하기 바란다.

가척술阿斥術과 후술 • 후성

《가척술》은 불의의 호통으로 찰나에 까닭도 없이 상대방을 놀라고 당황하게 만드는 것이다. 이 호통은 주의력을 분산시키는 효과가 있다.

후술吼術은 포효하면서 상대방을 두려움에 떨게 만드는 것이다. 후술은 흔히 처음에 내는 소리, 중간에 내는 소리, 마지막에 내는 소리로 나뉜다.

후성吼聲은 힘이 넘쳐 귀청이 터지고 고막까지 쩌렁쩌렁 울려야 한다. 마치 사나운 불을 뿜어내는 불꽃처럼 혹은 날카롭고 긴 소리를 내는 광풍처럼 상대방을 최대한 겁박해야 한다.

적을 질리게 하기

야전에서 적군과 아군이 서로 대치하고 있을 때 적군이 매우 강해 보이면 적군의 특정 부분을 공격해야 한다. 이 같은 공격이 성공을 거둬서 허물어지게 되면 그때부터는 다음 목표를 공격한다. 지그재그로 나아가면서 공격하는 것이 좋다.

"적을 질리게 한다"는 것은 혼자서 많은 수의 적들과 싸워야 할 때도 유용하다. 여러 명의 상대 가운데 한 명을 골라 공격하고, 그 다음에는 또 다른 상대를 고르는 식이다. 이 역시 지그재그로 상대를 한 명씩 차례로 공격한다. 모든 상대를 한 명씩 주의 깊게 관찰해야 한다. 계속해서 공세를 취해야 하며 완전히 승리할 때까지 절대 머뭇거리지 말아야 한다.

일대일의 결투에서 강한 상대를 만났을 때도 이와 똑같은 생각을 갖는다. 적이 허물어 질 때까지 여러 방향에서 끊임없이 공격해야 한다. 간단히 말해 '적을 질리게 만든다'는 것은 적으로부터 한 걸음도 물러서지 않고 강력하고도 결정적인 공격을 계속해서 가하는 것이다. 이점을 명심하라.

단숨에 박살내기

'단숨에 박살낸다'는 것은 완전히 부숴 버리겠다는 결의로 적을 압도하는 것이다. 전투의 규모와 상관없이 야전에서 대치하다가 적군의 약점을 발견한다든지 혹은 적 진영에 문제가 생긴 것을 알게 되면 강력하게 공격해 궤멸시켜야 한다. 완전히 박살 내지 못하면 적군은 다시 전열을 정비해 반격을 가할 수도 있다. 손 안에 든 물건을 꽉 쥐어 터뜨려 버린다고 생각해 보라. 이와 똑같이 적군을 완전히 박살내 버리는 것이다.

일대일의 결투에서도 상대가 자신보다 약하거나 소극적으로 나올 때, 상대의 박자가 흐트러졌을 때 난폭할 정도로 강력하게 적에게 시선조차 주지 말고 주저 없이 단숨에 무찔러 버려야 한다. 다시는 상대가 원기를 회복해 재대결을 벌일 수 없도록 하는 것이 중요하다.

전술을 완전히 바꾸기

　전투를 벌이면서 똑같은 기술을 자주 반복해서 사용하면 안 된다. 두 차례 정도 같은 기술을 쓸 수는 있지만 그 이상 쓰지는 말아야 한다. 첫 번째 공격이 실패하면 또 다시 다른 기술로 공격한다. 산과 바다가 번갈아 나타나듯이 기술을 쓰는 것이 좋다.

　이따금씩 기술을 바꿔 상대의 의표를 찌르는 게 중요하다. 적이 산이 올 것이라고 생각할 때 바다로 공격하고, 바다가 올 것이라고 예상하면 산으로 치는 식이다. 이것이 병법의 도이다. 잘 연구하고 단련하기 바란다.

밑바닥까지 부숴 버리기

상대를 물리쳐 완전한 승리를 거두었지만 여전히 적이 전의를 버리지 않고 있는 경우가 있다. 적이 결코 패배했다고 생각하지 않고 기운을 회복해서 다시 싸움터에 나올 수도 있다. 이런 경우에는 이쪽에서도 마음을 고쳐먹고 상대를 다시 공격해 더 이상 싸울 힘도, 투지도 사라지게끔 완전히 쓰러뜨려야 한다.

《밑바닥까지 부숴 버리기》는 이처럼 검으로만 하는 것이 아닌 몸과 마음을 모두 써야 하는 것이다. 이것을 완전히 터득하기는 쉽지 않다.

일단 상대가 정신적으로나 육체적으로나 완전히 무너져버리면 더 이상 두려워할 필요가 없다. 그러나 이런 경우가 아니라면 경계를 풀어서는 안 된다. 완벽할 정도로 철저한 공격이 아니라면 적의 명줄을 끊

어 버리기란 쉽지 않기 때문이다. 야전에서나 일대일의 전투에서나
《밑바닥까지 부숴 버리기》의 기술을 쓸 수 있도록 잘 훈련해야 한다.

마음가짐을 새롭게 하기

적과의 싸움이 좀처럼 결말나지 않을 것 같은 형국일 때는 이제까지 자신이 써왔던 기술을 모두 버린다. 그리고 새로운 마음가짐으로 기술을 연구하고 단련하여 승리를 위한 또 다른 박자를 찾아내야 한다.

적과의 싸움이 지루하게 이어질 때는 언제든 곧바로 자신의 전법을 바꿔 싸움을 유리하게 이끌어야 한다. 대규모 전투에서도 마찬가지이다. 병법의 원리를 터득했다면 이 점을 쉽게 이해할 수 있을 것이다. 잘 연구하고 열심히 단련하라.

쥐의 머리, 소의 목 기술

　적과의 싸움이 교착상태에 빠져 이도 저도 아닌 상황이 되었을 때에
는 쥐의 머리에서 소의 목으로 나아가듯이 마음을 완전히 바꿔 세세한
기술보다는 전체를 읽는 통찰력으로 승부해야 한다. 이것은 병법의 도
가운데 중요한 한 가지다.

　무사라면 늘 이런 생각을 갖고 있어야 한다. 이 기술은 대규모 전투
에서건, 일대일의 결투에서건 언제든지 사용할 수 있다.

서두우수鼠頭牛首

　'서두우수'란 말은 아무런 머뭇거림이나 허점을 보이지 않으면서 마

음가짐을 180도 변화시킬 수 있어야 한다는 의미를 담고 있다. 앞서 말한 전술을 완전히 바꾸는 것과 마찬가지로 서두우수 역시 문자 그대로 지금까지의 자세를 근본적으로 바꿔버리는 것이다.

이런 생각은 현대 사회에서도 매우 중요하다. 전문화되고 세분화된 세상을 살아가다 보면 자칫 우리의 일상생활의 진정한 의미를 큰 시각에서 바라보기 어려워진다. 이럴 때 서두우수의 개념을 떠올려 보자. 완전히 다른 시각에서 우리의 삶을 되돌아보게 되고 시야가 명료해 지면서 삶을 긍정하는 마음이 깊어질 것이다.

장수는 병졸을 지휘한다

　싸움터에서는 적군을 마치 자신의 휘하 병졸인 것처럼 마음대로 움직일 수 있어야 한다. 병법의 원리에 따라 적절한 기술을 구사하면 적군을 마치 자신의 명령에 복종하는 자기 휘하의 병사처럼 다룰 수 있게 된다. 다시 말해 자신은 장수가 되고 적군은 병졸이 된다. 잘 연구하고 훈련하기 바란다.

검
자루
놓
기

　자신의 손에서 '검 자루를 놓는다'는 말은 여러 가지로 해석할 수 있다. 예를 들면 '검을 쓰지 않고도 이길 수 있다'는 의미도 되고 '검을 쥐고 결투를 하는 대신 다른 해결책을 갖는다'는 의미도 된다.

　이 문제와 관련된 다양한 내용을 이해할 수 있도록 여기에 자세하게 적기는 어렵다. 열심히 단련하면 이해할 수 있을 것이다.

바위처럼 되기

병법의 도를 익혀 단련하면 마침내 누구에게도 지지 않고 무엇에도 두려워하지 않게 된다. 정신적으로 흔들리지 않는 큰 바위와 같은 존재가 돼 어떤 일에도 견뎌낼 수 있는 것이다. 나는 이를 말로써 직접 설명할 것이다.

지금까지 니텐 이치류와 내가 줄곧 관심을 기울여 왔던 문제들에 대해 적었다. 여기 기록한 싸움에서 이기는 도는 처음으로 쓴 것이다. 그러다 보니 순서를 정확하게 배열하지는 못했다. 그러나 병법의 도를 배우고자 하는 사람들에게 마음의 지침이 될 것이다.

나는 젊은 시절부터 병법의 도에 뜻을 품고 정진해 왔다. 병법에 관한 모든 것을 연마했고 다른 분야에도 조예가 깊다. 지금까지의 다른 유파의 병법은 대부분이 그저 화려한 이론이나 남이 보기에 신기한 피상적인 기술을 과시하는데 불과했다. 이들에게서 병법의 진정한 의미를 찾을 수 있을 것 같지는 않다. 물론 몸과 마음을 어느 정도 써도 되지만 사람들이 정도가 아닌 병법을 계속 고집하게 되면 진정한 병법의 도는 사라지고 말 것이다.

병법의 원리는 싸움에서 이길 수 있는 진정한 검법을 배워야만 한다는 것이다. 이기기 위해서는 나의 병법에서 제시하는 이론과 기술을 부단히 단련하고 터득하는 길밖에 없다.

바위 같은 몸

바위 같은 몸이 의미하는 바는 병법의 대가가 지닌 확고한 의지이다. 어떠한 힘도 그가 가진 단단한 의지를 바꿀 수 없고 그가 가진 꿋꿋한 신념을 흔들 수도 없다. 현묘玄妙한 이치와 변화가 뒤섞인 병법의 세계에서 바위와 같은 몸은 최고의 경지라고 할 수 있다.

"동요하지 않는 바위와 같은 몸(신념)은 그 어떤 것보다 위대하다."

병법의 세계에서 대대로 전해져 내려오는 비결 중의 비결이다.

제 4 장

—

바람의 장

—

검도 유파의 풍격

들어가기 전에

×

병법에서는 다른 유파의 도를 아는 것이 중요하다. 따라서 나는 다른 유파에 관해 기록하고 이를 '바람의 권'이라고 이름 붙인다.

다른 유파에서 말하는 병법의 도를 제대로 알지 못하면 니텐 이치류를 진정으로 이해했다고 할 수 없다. 다른 유파의 병법을 살펴보면 어떤 유파는 힘이 강해야 한다고 강조하면서 무조건 긴 검을 고집하고 긴 검과 관련된 기술만 익히도록 한다.

이와는 반대로 짧은 검의 유리함을 내세우면서 짧은 검과 관련된 기술을 가르치는 데 전력을 다하는 유파도 있다. 그런가 하면 어떤 유파는 자신들이 검을 쓰는 기술을 가리켜 '기본 기술'이라고 하고 이보다 어려운 기술은 '고급 기술'이라고 말한다.

나는 이런 유파가 참다운 병법의 도를 반영하고 있지 않다는 것과 무엇이 선이고 무엇이 옳고 그른지를 병법이라는 입장에서 명확히 가려낼 것이다. 내가 창시한 "니텐 이치류"는 다른 유파들이 내세우는 이론이나 기술과 전혀 다르다. 특히 상업적인 이익을 추구하는 다른 유파에서는 사람들을 현혹시키고 눈을 자극하기 위해 갖가지 화려한 기술을 가르치고 있지만, 이는 병법의 참된 도를 따르는 것이라 할 수 없다.

병법을 단지 검술을 배우는데 한정하는 것도 올바른 도가 아니다. 이런 사람은 기본적인 몸동작 기술이나 검을 쓰는 방법을 배워 전장에서 이길 수 있기를 바란다. 그러나 이처럼 한정된 병법으로는 승리를 터득할 수 없다.

이제 여기 다른 유파의 문제가 무엇인지 적어놓을 것이니, 이를 잘 살펴봄으로써 니텐 이치류의 우수함을 음미하기 바란다.

×

니텐 이치류만의 강점

무사시는 "바람의 장"에서 다른 유파의 병법을 비판하는데 집중하면서 이들 병법을 자신의 '니텐 이치류'와 비교하고 있다. 그는 초심자에게는 초심자에게 맞는 기술을 가르치고 숙련된 사람에게는 보다 어려운 고급 기술을 가르친다는 주장을 펴는 유파를 향해 신랄하게 비판을 가한다. 무사시에게는 그런 식의 기술상의 차이란 있을 수 없기 때문이다.

　무사시의 이같은 시각은 아주 단순한 그의 철학에서 나온다. 검을 다루는 기술을 배우는 유일한 목적은 전투에서 상대를 물리치기 위한 것인데 어떻게 초보자와 숙련된 사람이 배우는 기술이 차이가 있을 수 있겠냐는 말이다. 무사시는 초보자의 경우 그가 가장 잘 배울 수 있는 기술을 단련해야 하며, 이런 기술은 사람에 따라 매우 다양하다고 말한다. 결국 다른 것은 기술이 아니라 사람이며, 저마다의 선천적인 능력과 마음가짐에 따라 차이가 난다는 것이다. 따라서 초심자가 이해하기 어려운 게 있다면 나중에 다시 배울 수 있도록 시간을 주어야 한다는 게 무사시의 말이다.

　사람들은 모두 강점과 약점을 가지고 있어 어떤 초심자에게는 너무나 어렵게 보일 수 있다. 이런 이유 때문에 무사시는 자신의 병법을 배우려는 사람들에게 틀에 박힌 학습단계를 제시하지 않는 것이다. 사람들은 자신이 배워 소화할 수 있는 것이라면 무엇이든 배워야 하며, 이런 자세를 항상 가져야 한다.

　비록 무사시는 자신의 병법을 '니텐 이치류'라 명명했지만 정형화된 어떤 기술도 거부했다. 그는 니텐 이치류를 널리 알리기보다는 검을 다루는 법을 배우려는 사람들에게 이기는 법을 가르치고 싶어 했다. 무사시가 자신의 검법을 배우려는 사람들에게 요구한 유일한 전제는 검을 어떻게 쓰는지 뿐만 아니라 전투에서 적을 어떻게 죽일 것인가를 배워야 한다는 것이다.

무사시는 검을 어떻게 쓸 것인가를 가르치는 데는 큰 관심을 기울이지 않았다. 이런 가르침은 누구나 할 수 있는 것이기 때문이다. 무사시가 정말로 가르치려 했던 것은 바로 승자가 되는 길이었다.

긴 검을 강조하는 유파에 관해

무사시가 벌였던 가장 유명한 결투는 사사키 고지로와의 싸움이었다. 고지로는 누구보다 긴 검을 사용하는 사무라이였다. 고지로는 자신의 검보다 더 긴 목검을 가지고 나온 무사시를 보고 크게 당황하여 그대로 패하고 말았다. 무조건 긴 검만 고집하는 것은 옳은 자세가 아니라는 점을 보여준 것이다. 무사시 스스로 고지로의 강점을 약점으로 만들어 버린 결과였다.

특별히 긴 검을 쓰기 좋아하는 유파들이 있다. 나의 병법에서는 이런 유파를 약한 유파라고 본다. 이런 유파의 사람들은 승리하는 법의 핵심을 깨달아서 상대를 이기려 하지 않고 검의 길이에만 정신이 팔려 있기 때문이다. 이런 사람들은 적과 싸울 때 거리를 멀리 하고서 이기려 든다. 이들은 한 치라도 떨어지면 그만큼 이득이라고 말하지만 이는 병법을 모르고 하는 얘기다. 긴 검이 더 유리하다고 믿고 전투에서 승리하고자 하는 사람은 자신이 약하며 병법에 무지하다는 것을 스스로 드러내고 있는 셈이다. 이러한 병법은 사리에 맞지 않고 정통성도 없다.

더욱 난감한 것은 적과의 거리가 아주 가까워 맞붙어 싸워야 할 경우이다. 긴 검은 오히려 매우 불리한 조건이 된다. 이런 경우 긴 검은 짐이 되고, 짧은 검이 긴 검보다 더 유리해 진다. 긴 검을 선호하는 사람들은 나름대로 이유가 있겠지만 이는 개인적인 이유에 불과하다. 진정한 병법의 도에 따라 판단한다면, 긴 검의 유리함은 아무런 근거도 없다. 이렇게 생각해 보라. 정말로 긴 검이 유리하다면, 긴 검이 아닌 짧은 검을 들고 싸워야 할 경우에는 무조건 패배할 수밖에 없는 것인가?

결투를 벌이는 공간이 위, 아래, 양쪽 옆 모두 충분히 넓지 않은 데도 긴 검을 고집한다면 올바른 병법가라고 할 수 없다. 이 같은 잘못된 자세는 모두가 병법의 도를 진정으로 따르고 있지 않은 데서 비롯된 것이다. 더구나 체력적으로 긴 검을 쓰기 어려운 사람도 있다.

옛말 중 "큰 것은 작은 것을 아우른다"고 했다. 무조건 긴 검을 싫어하는 것도 바른 자세는 아니다. 경계해야 할 것은 긴 검이 아니라 긴 검에 집착하는 마음이다. 전쟁에 비유해 말하자면 짧은 검은 소규모 병력이요. 긴 검은 대규모 병력이다. 그렇다고 소규모 병력이 대규모 병력의 적군을 물리치는 게 불가능한가? 작은 병력으로 대규모 병력을 물리친 예는 수없이 많다. 니텐 이치류에서는 좁고 편협한 마음을 금기시한다. 이점을 유념하기 바란다.

검의 길이는 승자가 되는 것과 관계가 없다

다른 유파에 대한 무사시의 가장 신랄한 비판은 그들이 검의 길이에 집착한다는 것이다. 그는 긴 검이나 짧은 검을 강조하는 유파 모두를 비판하는데, 이는 병법 상 무기의 길이에 의지하려는 자세는 옳지 못하다고 보기 때문이다.

장검의 사용을 특히 강조하는 유파에 대해 언급하며 만약 그 검 자체의 길이에만 신경을 쓴다면 상대에게 정신을 집중할 수 없으며, 따라서 병법의 유일한 목적이라고 할 수 있는 적을 물리치고 베어 쓰러뜨린다는 결의도 흐트러진다고 말한다. 전투 시에는 오로지 한 가지 목적, 즉 승자가 되어야 한다는 생각만 해야 한다. 검의 길이는 이와 아무 관계가 없다.

강한 검을 노리하는 유파에 관해

검을 강하게 휘두르느냐 혹은 가볍게 휘두르느냐 하는 데는 그리 특별한 차이가 없다. 의식적으로 힘을 잔뜩 주고 검을 휘두르려고 하면 오히려 움직임만 거칠어지고 정확성은 떨어질 것이다. 몸 동작이 거칠다고 해서 승자가 되는 것은 아니다. 검을 무리하게 휘두르는 것은 오히려 적을 쓰러뜨리는 데 방해만 될 뿐이다. 검술을 연습할 때에도 필요 이상으로 힘을 주어 검을 휘두르지 않는 게 좋다.

상대가 누구든 적을 앞에 두고는 강하게 혹은 가볍게 베어 쓰러뜨릴 것인가를 놓고 고민할 필요는 없다. 상대를 베어 쓰러뜨리는 순간에는 오로지 적의 목숨을 끊어버리겠다는 한 가지 생각만 해야 한다. 검을 강하게, 혹은 가볍게 휘두를 것인지에 대해 신경을 써서는 안 된다.

검을 강하게 휘두르는 데에만 집착하면 그 결과는 나빠질 수 있다. 이쪽에서 너무 강하게 휘두르다 보면 검이 부러지는 경우도 있기 때문이다.

대규모 전투에서도 무조건 정면에서 치열하게 싸우겠다는 생각으로 전투력이 강한 병사만을 동원한다면 상대도 마찬가지로 대응해 올 것이다. 이런 상황에서는 병법의 이론과 기술의 뒷받침이 없다면 결코 승리를 거둘 수 없다.

나의 병법에서는 자연스러운 이치에 어긋나는 기법을 사용하려 해서는 안 되며 너무 무리한 기술을 사용해서도 안 된다고 가르친다. 반드시 병법의 원리에 따라 전투에서 승리하는 법을 익혀야 할 것이다.

짧은 검을 강조하는 유파에 관해

　예로부터 검은 그 길고 짧음에 따라 장검과 단검으로 구분되어 왔다. 신체적으로 강한 사람은 장검을 휘두르는 데 아무런 문제가 없으므로 굳이 단검을 쥘 이유가 없을 것이다.

　검의 길이만 놓고 따지면 체력이 뛰어난 사람은 창이나 검과 같은 길이가 긴 검을 선호할 것이다. 단검을 사용할 때는 상대가 긴 검을 휘두르는 순간에 빈틈을 노려 쓰러뜨리겠다는 생각에 사로잡히기 쉽다. 그래서 단검을 사용해 결투를 할 때, 어떤 경우에는 적을 향해 훌쩍 달려들거나 적과 맞붙을 정도로 접근해 가려고 생각한다. 이처럼 검의 길이에 집착하는 자세는 좋지 않다.

　결국 짧은 검만 써서 이기려고 하는 것도 참된 병법이 아니다. 단검을 사용하게 되면 너무 소극적인 자세가 되어 상대의 허점만 노릴 뿐 결정적인 선제공격을 가하지 못하게 된다. 이는 아주 잘못된 것이다.

특히 한꺼번에 많은 숫자의 상대를 대적할 때 단검을 휘두른다면 전혀 통하지 않는다. 훈련을 통해 단검의 사용법을 잘 익혔다고 해도 상대를 향해 달려들거나 뛰어들어야 하는데, 실제로는 많은 수의 적들이 덤벼오는 공격을 받아치는 데에만 급급해서 수세에서 벗어나지 못하게 된다. 이는 병법의 원리에 어긋나는 것이다.

결투를 할 때에는 반드시 몸과 마음을 강하고 똑바르게 유지해야 한다. 상대를 몰아붙여 적으로 하여금 분주하게 움직이면서도 당황스럽고 불안하게 느끼도록 하는 게 중요하다. 대규모 전투에서도 마찬가지이다. 일단 야전에서 적과 맞서게 되면 많은 숫자의 강력한 군대를 동원해 가능한 한 신속하고 확실하게 적을 섬멸해야 할 것이다.

병법을 배울 때는 상대의 검을 막아내거나 비켜 나가게 하고, 상대의 검으로부터 몸을 피하거나 굽히는 기술을 익히는 것이 중요하다고 강조하는 사람들이 있다. 그러나 이런 것들은 모두가 소극적인 자세에 기초한 것이다. 이렇게 훈련했다가는 실제 전투에서도 똑같이 소극적으로 행동하게 되어 적에게 기선을 빼앗기게 된다.

병법의 도는 곧고 진실한 것이다. 병법의 원리에 의하면 결투를 하는 어느 순간이든 반드시 적을 제압하고 있어야 한다. 이 점을 명심해야 한다.

검의 길이에 의지하는 것 자체가 심리적 약자다

무사시는 단검의 사용을 특히 강조하는 유파에 대해 이런 무기만을 고집하는 것 자체가 전투하는 사람의 마음이 아니라고 비판한다. 단검을 들고 결투를 벌이게 되면 보통의 경우보다 짧은 거리에서 단검을 찔러야 하기 때문에 늘 상대의 허점을 찾아내야 한다. 무사시에 따르면 계속해서 상대와의 거리를 줄이려는 생각은 올바른 병법의 자세가 아니라는 것이다.

무엇보다 중요한 것은 무기의 길이나 모양새에 집착하지 않는 것이다. 일차적으로 무기를 사용하는 사람이 중요하고 무기는 그 다음이기 때문이다. 무기의 길이나 모양에 의지하려는 사람은 이미 심리적 약점을 노출시킨 셈이다. 적을 상대하는 것은 자기 자신이지, 결코 무기가 아니기 때문이다. 무기는 저절로 움직이는 것이 아니다. 무기를 쓰는 사람은 바로 자신이다.

＊ 사사키 고지로와의 결투

《니텐기》는 무사시 사후 130년 뒤, 이천일류류 사범인 토요타 마사나가가 쓴 무사시의 전기인 《무공전》을 사료로 토요타 마사나가의 손자가 쓴 소설이다. 《니텐기》에 따르면 사사키 고지로는 아주 긴 검을 쓰는 것으로 유명했다. 고지로는 무사시가 도전할 당시 상상을 초월할 실력을 가진 무사로 그때까지 겨루었던 모든 결투에서 승리했고 호소카와 가문의 무예사범이었다.

그러나 무사시는 고지로의 강력한 힘은 엄밀히 따지자면 검을 다루는 기술이 아니라 남들보다 더 긴 검을 휘두를 수 있는 데서 나온 것임을 간파했다. 이 부분은 무사시의 천부적 감각을 읽을 수 있는 대목이다. 이 점은 매우 중요한데, 이로써 무사시는 자신의 병법이 고지로보다 우위에 있음을 자신할 수 있었기 때문이다. 그는 실제로 결투에서 자신이 어떤 조건에서 누구와 싸워도 이길 수 있음을 입증했다.

무사시는 오래된 노를 칼로 다듬어서 만든 긴 목검을 들고 고지로와의 결투장에 나타났다. 고지로는 분명 무사시의 긴 목검을 보고 놀랐을 것이다. 그리고 고지로의 심리적인 약점을 지르는 효과를 거둘 수 있었다.

그때까지 싸웠던 상대들은 모두 고지로 보다 짧은 검들을 들고 나왔다. 고지로는 무사시가 들고 나온 검, 특히 그 검의 길이에 온통 신경이 쓰였을 것이다. 이는 스스로를 옭아매 제대로 자신의 병법을 쓸 수도 없게 만들었다. 이 역사적인 순간은 싱겁게 끝나고 말았다. 무사시의 목검은 고지로의 머리를 내려쳤고, 고지로는 그토록 많은 상대를 쓰러뜨렸던 긴 검의 희생자가 되고 말았다.

검의 사용법이 많은 유파에 관해

여러 가지 다양한 검법 기술을 보여줌으로써 초보자들의 감탄을 자아내려는 사람들이 있다. 이런 행동은 병법의 도를 상업화한 것으로 결코 바람직한 일이 아니다.

우선 실제 결투에서 상대를 베어 쓰러뜨리는데 여러 가지 다른 방식이 있다고 생각하는 것부터가 잘못이다. 상대는 누구든 검을 쓰는 방식에는 어떠한 차이도 있을 수 없다. 검술을 익힌 자든 아니든, 심지어는 여자나 어린 아이 상관없이 적을 베어 쓰러뜨리는 방법은 모두 똑같다. 차이가 있다면 정면에서 찌르느냐 아니면 옆에서 휘둘러 베어버리느냐 하는 정도다.

분명히 기억해 두어야 할 것은 나의 병법은 상대를 베어 쓰러드리는 기술에 관한 것이다. 이런 기술을 나의 행동으로 옮기는 데에는 여러 가지 방식이 있을 수 없다. 결투를 벌이는 곳 주변에 장애물이 많을 때라던지 처한 상황에 따라 검을 마음대로 사용할 수 없을 때도 있을 것이다. 이런 이유로 앞의 장에서 검을 쥐는 다섯 가지 기본 자세와는 달리 손을 비틀어 적을 베려고 한다거나, 몸을 옆으로 틀면서 적을 베려고 하는 기술은 병법의 원리에 따른 것이 아니다. 손을 비틀거나, 몸을 뒤틀거나, 옆으로 뛰거나 해서는 결코 적을 벨 수 없기 때문이다. 이 모든 기술은 아무 쓸모도 없다.

나의 병법에서는 상대와 맞설 때 몸과 마음을 똑바르고 강하게 하는 것이 중요하다. 그러고는 적의 심리적인 혼란을 유도하는 병법의 원리를 적절히 구사하적을 물리쳐야 한다. 이 점을 잘 연구하기 바란다.

특별한 차림을 중시하는 유파에 관해

특별히 어떤 차림을 중시하면서 이를 강조하는 것은 잘못된 태도다. 적을 앞에 두지 않은 상태에서 연습을 할 때는 마음대로 검을 쥐는 자세를 취해도 된다. 이런 저런 자세가 예로부터 전해 내려져 온 상례라거나 새로운 규범이라고 주장하면서 특정한 자세만을 고집하는 것도 옳지 않다. 병법의 세계에서는 그런식으로 고정되어서는 안 된다. 적을 최대한 위협할 수 있는 기술을 사용해야 하는 것이 중요하다.

'자세를 취한다'는 말에는 정적이고 고정된 의미가 포함되어 있다. 예를 들어 거대한 성을 쌓거나 야전에서 진陳을 친다고 말할 때, 성이나 진 자체는 이미 확고하게 고정된 것이므로 움직일 수 없다는 의미를 내포하고 있는 것이다.

그러나 병법의 세계에서는 적을 제압할 수 있도록 언제나 선수를 잡는 게 중요하다. 상대의 마음속에 있는 약점을 찾아내 이를 이용해 적을 물리친다는 생각을 바탕에 두고 있다. 상대의 마음속에 생기는 약점은 이쪽에서 적을 당황하게 만든다. 화나게 하고, 놀라게 하고, 위협함으로써 끌어낼 수 있다. 따라서 결투 시 특별히 고정된 자세를 고집하면서 상대에게 선수를 내주는 것은 병법의 원리에 어긋난다. 나의 병법에서는 어떤 특정한 자세에 얽매이지 않고 스스로 특별한 자세를 취할수 있다고 가르친다. 차림 자세에 너무 골똘한 나머지 소극적으로 되거나 적에게 공격의 기회를 주어서는 안 된다.

　대규모 전투에서도 상대의 전력뿐만 아니라 자신의 전력을 충분히 알고 전투에 임해야 한다. 이를 위해서는 적군의 규모와 전장戰場의 여건은 물론 아군의 사기도 살펴야만 한다. 또 전투가 시작되기 전에 아군이 적군에 비해 우위에 있는 게 무엇인지, 또 뒤떨어지는 것은 무엇인지 판단해야 한다.

　결투를 할 때 이쪽에서 선제공격을 가하는 것과 상대에게 선수를 넘겨주는 것은 천양지차天壤之差라고 할 수 있다. 훌륭한 차림의 자세로 공격을 잘 막아냈다고 해도 방어하는 자세만 고수하고 있다면 그것은 창이나 장검을 들고 울타리 너머로 휘두르고 있는 것과 마찬가지이다. 적을 물리치겠다는 기세와 힘이 넘친다면 울타리를 뽑아 들고서라도 적을 쳐야 한다. 이처럼 용기와 기세를 반드시 갖고 있어야만 한다.

시선에 따라 집중하는 유파에 관해

유파에 따라 결투할 때 상대의 검에 시선을 집중하라거나 혹은 상대의 손이나 얼굴을 주목하라고 가르치는 경우가 있다. 그러나 시선을 의식적으로 한 곳에 두려고 하면, 집중력이 흐트러져 병법의 도에 어긋나게 된다. 예를 들어 공을 차는 선수를 보자. 경기를 할 때 선수들은 의식적으로 공에 시선을 두지 않고도 공이 앞에 오면 자유자재로 공을 다룬다. 공을 계속해서 쳐다보는 것도 아닌데 공을 이곳저곳으로 잘도 몰고 다닌다. 마음먹은 대로 이쪽저쪽으로 차기도 하는데 이 모두가 고된 훈련과 오랜 경험의 결과이다.

그런가 하면 자신의 코 위에 부채를 올려놓는다거나 여러 개의 검을 아주 손쉽게 곡예를 부리는 사람도 있다. 이들 역시 이런 곡예를 하면서 어떤 물체에 시선을 고정시키지 않는다. 의식적으로 집중하려는 생각 없이 그저 자연스럽게 물체를 바라보는 것이다. 이 역시 훈련의 결과이다.

이와 마찬가지로 병법의 세계에서도 실전을 수없이 경험하고 검도의 원리를 터득하면, 상대가 얼마나 멀리 떨어져 있으며, 상대의 검이 얼마나 빨리 움직이는지 볼 수 있을 뿐만 아니라 승리하기 위해서 무엇이 필요한지도 알게 된다. 결투를 할 때는 시선을 반드시 적의 마음에 집중시켜 그 내면을 읽어내야 한다. 대규모 전투에서도 상대의 진영에 특정한 지점이 아니라 적이 처해있는 전체적인 상황에 주목해야 한다.

앞서 말한 '관'과 '견' 가운데 '관'을 사용해 적의 상황을 읽어내고 전체를 바라보는 시각을 견지할 때 전투에서 박자를 탈 수 있다. 전투가 아군에게 유리하게 돌아가고 있든 일시적으로 불리하게 돌아가고 있든 '관'을 통해 전체적인 상황을 분명히 파악했다면 싸움을 아군의 승리로 이끌 수 있다. 이처럼 '관'을 통해 보는 것이야 말로 무엇보다 중요하다.

대규모 전투에서든 일대일의 전투에서든, 절대 시선을 특정한 곳에만 집중해서는 안 된다. 앞서 설명했듯이 너무 세세한 데 신경을 쏟게 되면 대국을 바라보는 넓은 시야를 잃게 된다. 이렇게 되면 스스로를 흐트러뜨리게 되어 결국 싸움에서 지게 된다. 이런 원리를 잘 이해하고 열심히 단련하라.

시선두기

　무사시는 한 곳에만 시선을 두는 것을 잘못이라고 강조한다. 눈이 한 지점에만 고정되어 있게 되면 자연히 마음도 얽매이게 되기 때문이다. 그렇게 자신이 가진 잠재력을 충분히 발휘할 수 없게 된다.

　전투를 하는 동안 마음은 늘 자유롭고 유연하게 가져야 한다. 그래야 상대를 마음대로 제어할 수 있다. 무사시는 당시 유행했던 공차기 게임을 예로 들면서, 공을 잘하는 선수들은 전혀 공을 쳐다보지 않고도 공을 빼앗기지 않는다고 말한다. 줄타기를 하는 곡예사가 줄에 전혀 신경쓰지 않는 모습도 마찬가지이다.

발동작에 관한 유파에 관해

현재까지 여러 부자연스럽고 빠른 발동작들이 전수되고 있다. 들뜬 발동작, 뛰어오르는 발동작, 솟구치는 발동작, 구르는 발동작, 가치걸음 발동작 등이 그것이다. 하지만 이들 발동작 가운데 어떤 것도 나의 병법 기준과는 맞지 않는다.

들뜬 발동작이 가르치기에 적당하지 않은 이유는 이 싸움을 시작하게 되면 자기도 모르게 발이 들뜨는 경향이 있기 때문이다. 전투를 할 때는 아무런 소용도 없다. 뛰어오르는 발동작의 경우 뛰어올랐다가 착지하는 순간 자세가 굳어지고 다리가 뻣뻣해진다. 더구나 계속해서 몇 번씩 뛰어오를 수도 없다. 이런 발동작은 쓰지 말아야 한다.

솟구치는 발동작은 누구도 솟구치려고만 해서는 효과적으로 싸울 수 없다는 점에서 틀렸다. 그저 땅에서 꽝꽝 짓누르는 구르는 발동작은 너무 방어적이라는 점에서 특히 피해야 한다.

이 밖에도 작고 부자연스러울 정도로 빠르게 움직이는 까치걸음 같은 발동작이 있다. 전투를 하다 보면 높은 늪이나 논, 계곡이나 개울, 혹은 자갈밭이나 작은 오솔길에서 적을 상대해야 하는 경우가 있다. 이런 곳에서는 뛰어오르는 발동작은 말할 것도 없이 까치걸음 같은 발동작도 사용할 수 없다.

나의 병법에서는 싸울 때나 평상시 거리를 걸을 때나 똑같은 발동작을 하라고 가르친다. 상대의 움직임에 맞춰 자신의 발동작을 조절하고 빨리 움직이든 느리게 움직이든 관계없이 항상 균형을 유지하면서 흐트러지지 않도록 해야 한다.

적절한 발동작은 대규모 전투에서도 중요하다. 상대의 전술을 알지 못한 채 너무 빨리 움직인다면 전투에서 승리하기 어렵다. 그렇다고 너무 느리게만 움직인다면 적군이 당황하면서 허점을 보일 때 기습 공격을 해 승리를 낚아챌 수 있는 좋은 기회를 놓치게 될 것이다. 상대가 균형을 잃고 불안정해지면 즉각적인 공격을 감행해야 한다. 적군이 다시는 전력을 회복할 수 없도록 단 한 번에 승리를 봐야 하는 것이다.

빠름을 중시하는 유파에 관해

병법의 세계에서는 얼마나 빠른가를 특별히 중시해서는 안 된다. 빠르고 느림은 각각의 상황에 따른 박자와 관련되어 있다. 따라서 상대적이다. 어떤 한 분야에 정통한 고수高手들은 결코 빠르게 보이거나 빨라지려고 애쓰지 않는다.

하루에 40리나 50리를 갈 수 있는 엄청난 달리기 실력을 가진 사람이 있다고 하자. 물론 이 사람이 매일 밤낮으로 계속 빨리 달리는 것은 아니다. 그런데도 미숙한 사람은 하루 종일 달려도 이 사람을 따라잡지 못한다.

가면극 경우에도 초보자가 능숙한 사람처럼 노래를 부르다 보면 괜히 박자에 뒤처지는 것 같아 초조해지고 마음만 바빠진다. 북을 치는 경우에도 서투른 사람이 북채를 잡으면 '오이마츠'와 같은 조용하고 느린 곡도 빠르게 연주하게 되고 이를 연주하는 사람은 불안해 진다. 사실 '다카사고'와 같은 곡은 비록 빠른 박자인 것 같지만 북을 너무 빨리 쳐서는 안 된다. "서두르는 자는 굴러 떨어지게 된다"는 말이 있다. 단지 속도를 내기 위해 적절한 박자에서 벗어나서는 안 된다는 의미이다.

고수의 경우 군이 애쓰지 않아도 필요한 박자에 맞춰 조화를 이루며 일을 해나간다. 어느 분야에서든 오랜 경험과 숙련된 기술을 가지고 있는 사람은 일을 하는데 결코 서두르는 법이 없다. 앞의 예들로 그 원리를 이해할 수 있을 것이다.

특히 병법의 도에서 속도 그 자체는 좋은 것이 아니다. 늪지나 발이 빠지는 논에서 적을 상대할 때는 몸이나 발을 그렇게 빨리 움직일 수 없을 것이다. 검의 경우에도 너무 빨리 휘두르려고만 한다면 긴 검으로 베는 것이 작은 검이나 부채를 쓰는 것보다 훨씬 어렵다는 것을 알게 될 것이다. 이 점을 잘 이해하기 바란다.

대규모 전투에서도 서두르지 않는 것이 좋다. 앞서 소개했던 《베개를 짓누르기》를 알고 있었다면 늦다고 해서 걱정할 필요가 없다. 적군이 속도를 내서 아군을 공격적으로 몰아붙일 때에는 오히려 차분하게 대응하면서 아군의 박자를 유지해야 한다. 이런 것을 '무시한다'라고 하는데 이는 적이 이끄는 대로 끌려가서는 안된다는 의미이다. 심리적인 측면에서 병법을 잘 공부해야 한다.

속도는 무의미하다

무사시는 병법에 있어 바른 것이 반드시 좋은 것은 아니라고 지적한다. 물론 느림 역시 항상 좋은 것은 아니다. 예술 분야의 전문가들은 점잖게 천천히 움직이는 것 같으면서도 정신을 한데 모으고 전혀 빈틈을 보이지 않는다.

우리가 통상적으로 말하는 빠르고 느리다는 개념을 초월한 '절대속도'라는 것이 있다. 예를 들어 지구는 아주 빠른 속도로 회전하고 있지만 우리는 이를 전혀 알지 못한다. 무사시는 속도의 문제를 논하면서 이 같은 개념을 설명하고 있다. 절대속도로 움직이는 세계에서는 느리고 빠르다는 구분이 무의미하다.

고급 기본 기술에 관한 유파에 관해

병법의 세계에서 어떻게 기본 기술과 고급 기술을 구분 지을 수 있을까? 예술과 같은 다른 분야라면 몰라도 아마도 비전秘傳을 통해 전수해야 할 특별한 지식이 있을지 모른다. 그런 경우 기본적인 단계에서 시작해 점차 고급 단계로 올라가는 게 옳을 수도 있다. 그러나 전투에서 필요한 기술에는 말도 되지 않는다. 적과 싸우면서 어떤 때는 숙련된 고급 기술을 쓴다는 말인가?

나의 병법에서는 초심자의 경우 가장 쉽게 배울 수 있는 기술부터 배우도록 한다. 그 다음 심오한 병법의 원리를 이해하도록 한다. 그러면서 실전에 그 기본 바탕을 둔 기술을 가르치려고 애쓴다. 때문에 기본 기술과 고급 기술의 구분이 필요 없는 것이다. 가령 산 속 깊은 곳을 찾아간다고 해보자. 이런 경우에는 산 속 깊숙이 들어가면 갈수록 오히려 처음 출발했던 곳으로 되돌아오는 경우가 자주 있다. 예술을 비롯해 어떤 분야는 아주 고급 기술을 사용해야만 하는 경우가 있는가 하면, 반대로 기본적인 기술만 써도 충분한 경우가 있다.

병법의 세계에서는 과연 무엇이 비전秘傳되어야 하고 무엇이 공개 되야 한다고 말할 수 있을까? 나의 병법에서는 제자들이 문서에 서약을 하거나 규칙이나 규약을 어겼다고 처벌하는 것을 절대 하지 못하게 한다. 대신 각각의 제자들이 갖고 있는 선천적인 능력과 잠재력을 판단해준다. 그들이 혹시라도 품고 있을지도 모를 잘못된 생각을 없애줌으로써 올바른 병법의 도를 가르치고자 하는 것이다.

나의 병법의 목적은 제자들에게 진정한 무사의 도를 가르쳐 스스로 자신에 대한 확고한 믿음을 가질 수 있도록 돕는데 있다. 무사의 도를 잘 단련하기 바란다.

글을 맺으며

"바람의 장"에서 다른 유파가 갖고 있는 특정적인 면을 9개의 부분으로 나눠 설명했다. 어쩌면 각각의 유파에 대해 그들의 기본 기술과 고급 기술을 곁들여 자세히 기술했다면 더 이해하기 쉬웠을지도 모르겠다. 그러나 나는 여기 소개한 유파들의 이름을 일부러 쓰지 않았다. 각 유파들은 나름대로 자신들의 기술에 대해 생각하고 있는 것이 있고, 보는 사람에 따라 이를 해석하고 실행하는 데 여러 가지 방식이 있을 수 있기 때문이다. 또 시간이 흐르게 되면 같은 유파 안에서조차 어떤 기술을 어떻게 해석하고 적용할 것인가를 놓고 입장이 바뀌게 될 것이다. 그런 점에서 나는 후세에 혼란이 없도록 하기 위해서라도 각 유파의 이름을 쓰지 않는 게 좋다고 판단했다.

다만 이들 유파는 모두가 한 쪽으로 치우쳐 긴 검이나 짧은 검을 고집한다거나, 검을 강하게 혹은 가볍게 휘두르는 것을 강조하는 등 병법의 관점이 너무 느슨하거나 아니면 너무나도 좁다. 이들은 이처럼 각각 한쪽만 강조하고 있다. 내가 굳이 그 이름을 대지 않는다 하더라도 어떤 기술이 어느 유파의 것인지 알 수 있을 것이다.

내가 창시한 니텐 이치류에는 검을 사용하는 기본 기술도 고급 기술도 없다. 검을 쥐는 자세와 관련해 특별히 강조할 것도, 비전祕傳도 없다. 오로지 진실한 마음으로 병법의 도를 닦아 그 원리를 터득하는 일만이 중요하다.

무사시의 코칭법

무사시의 코칭법은 여러 사람들을 한꺼번에 가르치기보다는 일대일로 가르쳐야 훨씬 효과적이다. 무사시의 전투 전략은 처음부터 끝까지 철저하게 개인을 중시한다. 무사시는 백 명의 평범한 문하생에게 자신의 병법을 가르치기보다는 최고 단계의 기술을 이해할 수 있는 잠재력을 가진 단 한 명의 문하생을 가르치길 바랬다고 해도 과언이 아닐 것이다. 무사시의 진정한 강점은 그 자신의 내면 깊숙한 곳에 숨어 있어 남에게 가르칠 수 없었을 지도 모른다.

"바람의 장"에서 무사시는 다른 유파들이 기본적인 정신력이 부족하다고 지적한다. 무사시의 가르침은 어떤 불리한 상황에서도 승리자로 살아남을 수 있는 강하고 독립적인 개인을 창조하는 데 있다. 무사시는 다른 유파들이 실체 없이 그저 신체적인 기술만 익히고 있다고 생각한 다. 이런 유파의 문하생들은 지식을 쌓을 수 있겠지만 자기실현과 생존 에 대한 불타는 욕망을 가진 강인하고 자신감 넘치는 인간은 될 수 없 다고 여겼다.

제 5 장

—

비어있음의 장

—

자연의 경지

비어있음은 곧 자연의 경지

×

"비어있음의 장"에서 비로소 내가 창시한 병법 니텐 이치류의 원리를 기술하고자 한다. '비어있음'이란 원래 아무것도 없다는 것, 아무것도 알수 없다는 것을 의미한다. 보통 사람들이 이해할 수 없는 차원이다. 무엇이 없다는 것인지 알기 위해서는 먼저 무엇이 정말로 존재하는 것인지를 깨달아야만 한다. 단순히 무엇을 이해할 수 없다면 그것은 비어있음이 아니라 '무지'다.

병법의 세계에서 무사의 도를 완전히 터득하지 못한 자는 결코 비어있음의 의미를 알 수 없으며 오히려 혼란에 빠져들 것이다. 살아가면서 정말 너무나 힘들고 탈출구조차 보이지 않을 때 비어있음이라는 표현을 쓰기도 하지만 이 역시 옳지 못하다.

무사가 '비어있음'을 진정으로 이해하기 위해서는 전심전력으로 병법의 도를 닦아야 한다. 다양한 무예 기술을 배우고 매이매일의 생활에서 무사로서의 의무가 무엇인지 알아야만 하는 것이다. "비어있음"을 이해한 무사라면 그의 마음에는 한 점 미혹迷惑도 없어야 하며, 끊임없이 자신의 몸과 마음을 단련하는 데 전력해야만 한다. '관'과 '견'이라는 두 가지 시각을 깨우치고 이를 통해 모든 사물과 현상을 마음속에서 미혹의 그림자가 사라지고 속세의 혼란스러움으로부터 자유로워 질 때 비로소 가능하다.

참다운 도의 진리를 깨닫지 못하는 동안에는 그것이 불법의 도가 됐건 아니면 세속적인 도가 됐건 자신의 도만이 옳다고 믿는다. 그러나 어느 순간 이 세상의 진정한 원리에 비추어 봤을 때 지금까지 자신이 도라고 생각했던 것이 진리에 어긋남을 발견하게 될 것이다. 무의식적으로 무시할 수도 있다.

참다운 도의 진리를 찾아 수련하는 동안 병법의 도를 매일 매일의 생활에서 실천하고자 하는 곧고 진솔한 자세를 유지해야 한다. 그러기 위해서는 병법의 진리가 무엇이며, 더 높은 차원에서 그 원리는 어떤 것인지를 충분히 이해해야 한다. 병법의 원리에 대한 분명하고도 올바른 이해를 통해 우리는 비로소 깨달음의 길로 인도해 줄 '비어있음'의 세계를 만날 수 있을 것이다.

'비어있음'의 세계는 악은 없고 오로지 선만 있을 뿐이다. 인간 세계의 지식과 기술은 모두 한계가 있고, 병법도 마찬가지이다. 그러나 인간의 마음과 정신은 그 끝이 없는 '비어있음'의 세계에 있다.

쇼호(正保) 2년 5월 12일

신멘 무사시가 데라오 마고노조에게

무한의 경지 "만리일공萬里一空"

무사시가 주장하는 공의 개념은 병법의 본질의 성격自相을 말한 것이다. 결코 병법의 허무함을 말한 것이 아님을 분명히 할 필요가 있다.

무사시는 "비어있음의 장"에서는 전투에 대해 전혀 설명하지 않고 있다. '공'을 직역하자면 하늘 이라든가 텅 비어 있음, 아무것도 없음, 공허함 등의 의미가 된다. 그러나 무사시가 말하는 '공'은 전혀 부정적인 의미를 가지고 있지 않다. 오히려 무사시가 말하는 '공'은 '무한하게 뻗어가는'또는 '경계가 없다'든가, '궁극적인 경지'와 같은 표현에 더 가깝다.

'공'의 경지에 이분법적인 긴장 관계는 존재하지 않는다. 적과 아군의 구분도 없고, 빈부의 구분이나, 생사의 구분도 없다. 무사시가 왜 "비어있음의 장"에서 전투에서의 전략적인 측면을 언급하지 않았는지 이제 이해가 될 것이다. '공'의 경지에서는 자신과 상대방이 하나가 되고 자신과 자연이 하나가 되고, 모든 것이 일체가 됨으로써 조화와 평화를 이룬다. 엄밀히 말해서 '공'은 자신의 분야에서 최고의 경지에 올라 깨달음을 얻은 자의 영역이다.

무사시는 병법을 익히는 가장 중요한 덕목을 다름 아닌 전투에서 승리하기 위한 것이라고 강조할 정도로 분명한 실용주의적 접근 자세로 견지했다. 이제 병법에 대한 지식과 기술을 한 차원 높여 정신적인 측면에서 해석하고자 한 것이다.

선불교에서 말하는 '공'은 모든 미혹과 어리석음을 물리치고 존재의 의미뿐만 아니라 존재하지 않는 것의 의미도 깨닫게 되는 해탈의 경지이다. 이것은 새로운 세계이며 또 다른 길이 열리는 것이다. 인위적인 개념을 버리고 순수한 지식으로 바라볼 때 비로소 나타나는 태초의 세상이다.

무사시는 단지 강인한 체력과 뛰어난 무예를 과시하기위해 칼을 휘두르는 사람들의 어리석음을 깨달았던 것이 틀림없다. 이를 깨달은 사람이 검을 쓴다면 그것은 죽음과 파괴를 가져오는 것이 아니라 생명과 번영을 낳을 것이다.

시대를 초월한 경쟁 심리학 매뉴얼

지나고 보면 스승이 없는 것이 아니라 스승을 알아보는 현명한 내가 없었다. 내가 어리석기에 스승을 알아보지 못했던 것이다.

배우겠다는 겸손한 자세로 찾다 보면 언제 어디서나 좋은 스승을 만나게 된다. 그 스승의 말에 귀 기울이고 배우며 활용한다면 삶이 분명 바뀌어 있을 것이다.

그런 면에서 미야모토 무사시의 《오륜서》는 검도인들에게는 물론 모든 경쟁관계에 있는 사람들에게 더없이 좋은 스승이다.

인류는 수천 년 동안 역사 속에서 무수히 많은 병법들을 기록해 왔다. 그중에서도 미야모토 무사시의 《오륜서》는 중국 춘추전국시대에 손무가 썼다는 《손자병법》과 19세기 프로이센의 클라우제비츠가 저술

한 《전쟁론》과 더불어 세계 3대 병서라는 명예를 가지고 있다.

《손자병법》이나 《전쟁론》에 비하면 《오륜서》는 지휘관들의 전략서라기보다는 개인의 결투 경험을 통해서 깨달은 전술서에 가깝다. 그런데 왜 다른 병법서들과 함께 어깨를 나란히 하게 된 것일까?

무사시의 《오륜서》는 결투의 기술뿐만 아니라 전투에서의 심리적, 신체적 영역의 변화에 대해서 자세하고 구체적으로 표현하고 있다. 또한 병법의 목적을 이기는 것에 있다고 했기 때문에 《오륜서》의 곳곳에서 잔인한 면도 드러난다. 그럼에도 《오륜서》는 일본 무사 계급의 모습과 내면을 잘 표현했다. 시간이 흐르면서 전장에서도 유용할 뿐 아니라 어떤 형태의 전투에도 적용할 수 있다는 공감대가 있었기 때문일 것이다. 격동하는 현대 비즈니스 사회에서 직접적이고 때로는 치명적인 영향력을 발휘하는 쉽고 명쾌한 실용서 역할을 했을 것이다.

그런 의미에서 《오륜서》는 시대를 초월한 '경쟁 심리학 매뉴얼'이다.

2018년 여름
공동 편저자 김상범

참고문헌

― 가마타시게오(1986), 《오륜서》, 日本武藝學術硏究室.

―《검도총담(劍道總談)》, 작자미상.

― 김경준(2017), 《경영멘토 김경준의 오륜서 경영학》, 원앤원 북스.

― 김상범(2015), 《탁월한 리더는 피드백이 다르다》, 호이테북스, 서울.

― 김현용(2016), 《스포츠인문학-다쿠앙 소호의 '부동지신묘록' 연구》, 안티쿠스, 서울.

― 박승오·홍승완(2016), 《위대한 멈춤 : 삶을 바꿀 자유의 시간》, 열린책들, 서울.

― 송일훈·이황규·김재우(2005), 〈미아모토 무시시의 오륜서(五輪書)를 접한 崔倍達 의
  극진에 관한 연구〉

― 시바료타로(1968), 《미야모토 무사시》, 창해, 서울.

― 이상호·이동건 (2009), 〈검도에서의 무의식행위 -Husserl의 발생론적 현상학을 중심
  으로〉, 한국체육철학회

― 이상호(2013), 〈화랑세기에 보이는 무도의 해석학적 함의〉, 한국체육철학회

― 이진수(2000), 〈일본 무도의 연구-오륜서(五輪書)를 중심으로〉, 한국체육철학회

― 이진수(2004), 〈'만리일공'에 관하여〉, 한국도교문화학회.

― Donal G, K(1999), "The Five Rings For Executives.

― Hidy Ochial(2001), "A Way to Victory, OVERLOOK PRESS.

― Miyamoto Musashi(2012), "Book of Five Rings", Brolga Publishing.

― Theresa M, Moore(1974), A Book Five Ringsby Miyamoto Musashi, NewYork, 1982.

승자의 결단과 전략
오륜서

초판 1쇄 발행   2018년 09월 07일

지은이   미야모토 무사시
편저자   박상범 · 김상범

펴낸이   김왕기
주 간   맹한승
편집부   원선화, 김한솔
디자인   이민형

펴낸곳   (주)푸른영토
          주소   경기도 고양시 일산동구 장항동 865 코오롱레이크폴리스1차 A동 908호
          전화   (대표)031-925-2327, 070-7477-0386~9 팩스 | 031-925-2328
          등록번호 제2005-24호(2005년 4월 15일)
          홈페이지 www.blueterritory.com
          전자우편 blueterritorybook@gmail.com

ISBN 979-11-88292-67-7 13320

2018 ⓒ 박상범 · 김상범